地震と建設工学

現場の経験知からの提言

川村公一

JN057391

無明舎出版

はじめに

　1978（S53）年6月、マグニチュード（以下、Mと記載する）7.4の「宮城県沖地震」が発生して今年で43年、1983年（S58）5月、M7.7の「日本海中部地震」の発生から38年が経過した。時間の経過とともに、震災の記憶は人びとの中から次第に忘れ去られようとしていた。

　そのような時勢、2011年（H23）3月、M9.0の海溝プレート型の巨大地震が東北地方から関東地方にかけて大地を大きく揺さぶり、人びとを驚愕させた。**東北地方太平洋沖地震**である。この災害は、被災規模や人的被害など甚大であることから**東日本大震災**と命名された。

　今年3月で東日本大震災が発災して10年をむかえる。この激甚震災は広域にわたる未曾有の規模で、津波による浸水面積は東京都23区面積の9割に相当する535㎢におよぶ未知の領域のなかで、その対応にせまられた。地震発生2日後の3月13日夕方、地震災害の被災状況調査の派遣要請の連絡をうける。翌日から3日間、南秋田郡五城目町の自宅から宮城県石巻市に自家用車で移動し、石巻市の旧北上川の堤防や護岸、樋門など河川構造物の被災状況を調査し、緊急復旧すべき箇所を特定する業務をおこなった。

　市内の大部分が浸水した被災状況を目のあたりにしたとき衝撃をうけ、自然の猛威と防災に対する技術の限界と無力さを痛感した。これまで営々と築きあげてきた堤防、護岸、水門などの土木構造物が跡形もなく消失していた。防災も担当する技術者として、この災害から多面的な経験と教訓を学んだ。このような被災を発生させた要因の背景には何があるのか。計画や設計段階で、何が不足し、何を見落とし、抜けていたのか。技術者の一人として問いなおす機会となった。過去の被災履歴の記録を直視し、その事実を真摯に受けとめる。そのことこそが技術の本質

1

にせまることができる、と考えた。過去の史実に目をむける姿勢である。

　複雑化する現代社会は、情報化が急速に進展している。アナログからデジタル社会に変貌した。第5世代移動通信システムの5G、情報通信技術のICT、さまざまな情報とモノがインターネットを媒介としてつながり、情報交換することにより相互に制御する仕組みのIOT、人工頭脳のAI、ビックデータの活用など。情報が大量に高速で飛びかうグローバル化が進んでいる。

　知のドーナッツ化現象と呼ばれる世情にある。インターネットなどによって最新の知りたい話題や情報は容易に入手できる。本当に必要な基礎的な知識や生活周辺の情報はないがしろにされている。科学や技術の最新情報、身近な地域の成りたちや日常生活を脅かす自然災害の脅威や危険の度合、回避への対応、命を守る心構えもその一つといえよう。

　地震、津波、洪水など各地の被災履歴を細かくみると、歴史の古い旧家は少なく新しいほど多い。本家より分家、新興地域と多くなる。過去の被災経験は伝承などかたちで語り継がれていく。災害や生活にかかわる経験知は、地名、伝説、古文書、信仰、年中行事、記念碑などの形態をとりながら、世代をこえて継承されていく。**集合的記憶**である。このように地域社会の中で培われてきた知識体系は**民俗知**と呼ばれる。その概念の重要性や意義を将来世代に伝承する重要性が認識されはじめている。

　国土地理院では、過去におきた自然災害の規模や被害、慰霊を伝える石碑を2019年（R2）からWeb地図上で**自然災害伝承碑**として掲載した。地域から忘れ去られないよう周知する意義を目的として。2021年（R3）7月現在、全国で約1000基の伝承碑が掲載されている。

　2011年（H23）「東日本大震災」の教訓を後世に伝え命を守ろうと、「震災伝承施設」が太平洋沿岸の青森・岩手・宮城・福島の4県で41施設が運営され、被害の実情を伝える防災教育に活用されている。各地に震災遺構や災害伝承碑、慰霊碑が点在している。これらを総合的に活用し

ようと**震災伝承ネットワーク協議会**が 2018（H30）年 7 月に発足し、活動が展開されている。

　災害の要因は二つに分類される。自然現象がもたらす火山噴火活動、地震、津波、洪水、高潮、土石流、地すべりなどの「**天災（自然災害）**」。ヒトの不注意や怠慢が原因の事故、事件、火事、感染症などの「**人災（人為災害）**」。自然災害がヒトに関与しなければ単なる自然現象にすぎない。自然が不安定な状況を解消するために変動する現象でしかない。災害は、自然災害が生活環境に影響をおよぼし、人為災害も一定部分関与している、といえよう。

　地球物理学の視点から、自然災害の要因となる「熱源」は二つある。**地球内部の熱源**。地球内部は、内核、外核、マントル、地殻（プレート）で構成される。マントルは高温で熱対流し地殻である厚さおよそ 100km のプレートを動かす原動力で、火山噴火、地震を引きおこす。もう一つは地球外部からの熱源。**太陽光からの熱源**で、大気圏の循環をになっている。さまざまな気候や気象現象を引きおこす。海洋の循環、暖流、寒流、台風、降雨、降雪など。

　地質学の立場でも二つの視点がある。日本列島の成りたちやプレートの存在から、過去から現在、そして未来につづく時間的な連続性の**地史的な視点**。世界的にみた日本列島の空間的な広がりと風土、地形・地質、気候、環境など**地誌的な視点**。

　これらの視点を踏まえて**歴史に刻まれた災害の記憶**を理解する。過去の被災経験から多くのことを学び、工学的な評価や災害と折りあう方策を見つけだすことによって、本質的な技術論の展開が可能となる。建設技術は多くの教訓から導かれた経験工学である。自然現象の洗礼を受ける。現場での事象は実験の場である。改善を重ねて試行錯誤を繰りかえす。想定されるレベルの規模で計画が立案される。工学的な視点で数理解析を行い、自然現象を理論で検証して設計手法が確立される。構造令、設計基準や要領、指針、マニュアルなどの制定により、現時点での設計

体系は完結したかたちとなっている。

　コンピュータがその一翼を担った。有限要素法の FEM、地震時の動的挙動など高度な数理解析が可能となり、瞬時に解が得られるようになった。複雑な解析も汎用プログラムが作成され、誰もが手軽に活用できるようになった。あいまいな前提条件から導かれ解析された結果の解は、必ずしも正しいものではないことがある。理論体系の背景にあるその理念を十分に理解して活用する必要がある。構造物の被災原因は、施工不良は別として、想定をうわまわる荷重によって耐えきれなくなり、変形したり破損、倒壊する。その不確定な多くの要因は、水に起因する荷重と地震力に代表される水平力が大きくかかわっている。

　建設分野での**耐震技術**について、以上のような視点から論述した。耐震技術は、地震という自然現象の発生メカニズムの特性を正しく理解することにある。被災状況からさまざま教訓を学び設計体系がどのようにして確立されたいったのか、その過程を明らかにしたい。その中心人物が佐野利器と物部長穂である。耐震技術の歴史や理論確立の過程を両氏の功績をとおして紐といていきたい。当時の時代背景や要請された技術的な動向、どのような着想にもとづいて見いだされたのか。そこに技術の本質を見いだすことができる。

　本著の主旨は、地震発生のメカニズムと地震の大きさの指標を理解する。そして、地震研究に格闘した組織や人物を紹介する。過去の歴史地震を含めて史実として直視し、謙虚に受けとめて評価する。さらに、過去の地震の特徴や最近の地震について、科学的に評価された知見についても触れた。被災体験や復興の過程から、おおくの教訓を学び先人からの**経験知**を継承することにある。その経験知は、防災技術の向上、命を守る避難行動につながる道しるべとなるだろう。

2021 年 8 月

序

　第Ⅰ章では**プレートテクトニクス**の理論確立にいたるまでの経緯について紹介する。古くから地球物理学の分野のなかで、地球内部の構造解明は主要課題であった。地震波の観測が有力な手がかりとなる。深海底探査技術の成果もおおくの情報を提供した。そして、現在のように大陸、地殻、海洋、海溝、海嶺などで構成される全体構造が明らかとなる。地震はダイナミックに循環するプレート活動に起因する。地球収縮説、大陸移動説、そしてプレートテクトニクスへと発展していった。また、連続体力学、熱力学、物性物理学から地震発生メカニズムの要因について、断層活動から論じた。

　第Ⅱ章では**地震とマグニチュード M** の関係について紹介する。地震を物理現象としてとらえる場合、揺れの大きさやエネルギーなど、さまざまな指標がある。地震の大きさを示す指標の M がどのような着想で考案されたのか。揺れの大きさを指標とする震度階 I は時代の変遷とともに見なおされた。被災状況と震度区分の改定の経緯について紹介する。

　第Ⅲ章では**我が国の地震研究の経緯**についてふりかえる。1880 年（M13）、世界で最初の「地震学会」が創設された。この組織が中心となって地震波の観測や地震被害の状況把握など、学術研究発展に大きな役割をはたす。その後、震災予防調査会、震災予防評議会、地震研究所へと調査研究が充実され世界をリードする組織となる。黎明期、その中心人物の**寺田寅彦**（1878〜1935）についても紹介する。あわせて、現在の我が国での地震調査研究や防災対策の動向を記した。

　第Ⅳ章では**耐震設計論**について紹介する。地震動の揺れに対して安全な構造物を設計するための**震度法**がどのような着想に基づき考案されたのか。建築構造学者の**佐野利器**（1880〜1956）と土木工学者の**物部長**

穂（1888〜1941）の二人の功績を紹介する。本書の核心部分の一つといえる。シンプルではあるが合理的な設計理論。今日の耐震設計の基礎理論であり、その理念は100年経過した現在でも変わることなく継承され、光り輝いている。

　第Ⅴ章では建設分野での**耐震研究の経緯**について紹介する。土木工学分野では、内務省土木試験所が中心的な役割をはたし、調査研究が進められた。その中心人物が第三代土木試験所長に勅任された物部長穂である。試験所発足当初の調査研究成果と、**物部長穂**の生涯や耐震研究の軌跡について紹介する。物部長穂は100年に一人でるかでないかの天才で、土木工学界の至宝といわれた人物である。

　第Ⅵ章では**主要地震の特徴**と、その**被災状況**について文献や各種資料から整理した。貞観の三陸沖地震（869）、慶長の三陸沖地震（1611）、明治三陸地震津波（1896）、昭和三陸沖地震（1933）、東北地方太平洋沖地震（2011）など、12の地震をとりあげた。**史実に残る災害の記録**を直視することは、被災の規模や過去の被災体験から多くの教訓を学ぶことができる。

　第Ⅶ章では**過去の地震から学ぶべきこと**を紹介する。**地震波の特徴**や、規則的に発生する物理現象としてとらえる固有地震説などの見解から、東北地方太平洋沖でおきた地震や東北地方〜房総〜西日本太平洋までの連動について、過去の地震記録から整理した。過去の地震から学んだ経験知は、今後きるであろうさまざまな災害への備えと道しるべとなる。

　第Ⅷ章では地震から学んだ建設技術として、**耐震基準の改定経緯**や最新の技術動向について紹介する。宮城県沖地震（1978）、兵庫県南部地震（阪神・淡路大震災・1995）、東北地方太平洋沖地震（東日本大震災・2011）などの被災状況をふまえ、建築物や土木構造物の各種耐震基準が改定された。また、津波対策、地盤の液状化や地すべりの関係についても論述した。

　第Ⅸ章では現状の技術的な体系として、計画論と設計論の関係につい

て私的見解を記述した。**計画論**の体系は確率統計学にもとずくもの。**設計論**は構造力学がその基本理念とする。それぞれの具体的事例を紹介し、その課題は何があるのか論述した。また、近年の**防災対策**についても、その変遷と最新の動向について紹介した。

I．プレートテクトニクス

造山運動

　地球が一つの惑星として誕生し、現在までの歴史は 46 億年といわれる。地球の歴史を一年のタイムスケールで換算すれば、およそ次のような関係にある。元旦に地球が誕生した。地球表面の地殻が形成されるのは春の彼岸の 3 月 20 日（36 億年前）ころ。やっと生物らしきバクテリア類の単細胞藻類が出現したのが 3 月 22 日（35 億年前）ころ。微少化石として残るようになったのは 6 月 7 日（26〜25 億年前）ころ。肉眼で認められる程度の化石が活発に生存しはじたのが 11 月 22 日（6 億年前）ころ。人類の出現は 12 月 31 日午後 8 時 30 分（180 万年前）ころ。遺跡として残る文化遺産は新年の時報が鳴る 3.5 秒前（5000 年前）ころとなる。途方もなく長い時間スケールである。

　地球が誕生し、地殻が形成されるまでにおよそ 10 億年をようした。地殻を有する以前を**地球創世の時代**、その後は**地質時代**と呼ばれている。6 億年前に非常に短期間に生物は硬質部を獲得し、世界各地に多種多様な生物が出現し、化石として残っている。この時代以降を**生命の時代**としている。

　我々の住んでいる大地は、地球史 46 億年のうち、ごく最近である 200 万年〜100 万年ほどまえに隆起してできた陸地である。

　世界最高峰のエベレスト山脈の山頂付近に「イエローバンド」と呼ばれる地層がある。今から約 4500 万年前ころからインド亜大陸がユーラ

シア大陸と激突し、海底だった地層が徐々に盛りあがってヒマラヤ山脈が形成された。このイエローバンドの地層からは海で生息していた古生物の化石が発見されている。

このように、現在の大地はもともと海底に堆積していた地層が、その後、横方向の強い圧力を受けて褶曲し、隆起した。また、地下数10km以上の深さに潜りこみ変成岩になったりする。このように地層が横圧力をうけて褶曲や隆起によって山脈が形成される現象が**造山運動**である。

地中の温度を測定すると、深さ100mにつき3℃ほどの割合で上昇する。熱は高温部から低温部に向かって流れることから、常に地球内部から熱が放出されている。これは**地殻熱流**と呼ばれる。この地殻熱流は1㎡あたり平均70ワット(w)。日本列島は地下30〜40kmで1000℃に達する高温・高圧の状態となっている。

造山運動や地殻熱流の原動力はどこにあるだろうか。それは地球内部の構造にある。地球を覆う地殻（プレート）が動いている。しかも、ごくゆっくりとした時間で営々と。太平洋では、海嶺で誕生した地殻は2億年かけて日本海溝の沈みこんでいく。

地球内部の構造

地球内部の構造は半熟タマゴのような構造。タマゴの殻にあたる部分が**地殻**（プレート）、卵白の部分が**マントル**、卵黄の部分が**中心核**（コア）と呼ばれる外核と内核で構成される層構造をなしている。

地球内部の構造は、地震波の伝わりかたで推定できる。地震波速度が変化する不連続面の境界で層構造が変化している。

標準的な地震波で、固体地球の一番外側にある層が地殻（プレート）。**大陸地殻**の厚さは30〜40km、海洋地底の**海洋地殻**はそれよりも薄い。地殻は地球の半径6378kmの1%にも満たない極めて薄い層。地殻の下には**マントル**がある。地下2900kmまでの厚さをもち、数1000度の高温

で熱対流し地殻を形成する原動力で、プレートテクトニクスの理論で説明される。地球中心部の核の半径は2900km。中心核の主要成分は金属鉄で、外核（深さ2900〜5100km）は流体で、内核は固体と考えられている。

　地球内部のエネルギー源は地下深く存在する中心核である。この中心核は外核と内核から構成され、**外核**（液体）の厚さは2200km、**内核**（固定）は1300kmの層構造をなしている。

　地磁気は金属流体からなる核の中を流れる電流がその要因になっている。

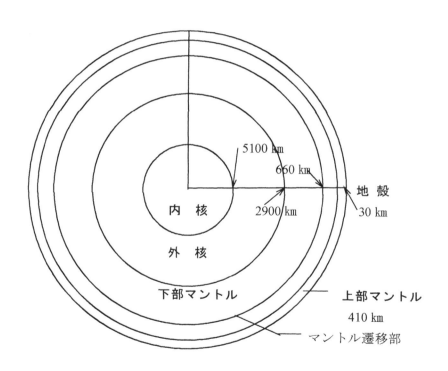

図-1.1　地球内部の層構造

地球収縮説

　1930年代（大正時代）まで、地質学での地震発生のメカニズムは**地球収縮説**が指導的原理であった。地球が冷却すると収縮する。あるところでは陥没して海洋となり、陥没しなかったところが大陸で、収縮による横圧力よって山脈が形成される。収縮圧力のひずみが解放されて地震が発生する、と考えられていた。

　当時の認識について、**物部長穂**（1888〜1941）の著書である『土木耐震学』（1933年（S8）・常磐書房）には、地球収縮説の主張にたって以下のように論述されている。

> 地震の起こる原因に就いては未だ明確に説明されては居らぬが、従来の簡単なる考察に豫れば地球が冷却するに伴ひ地殻の内部が漸次収縮し、その結果既に冷却凝固せる外側の地殻に作用する横圧力の集積に依て断層、褶曲等の急激なる地変を生じ、之に伴ふて地震が発生すると看做された。然るに近年の研究に豫れば地殻の包含さるゝラヂウム、ウラニウム、トリウム等の放射性物質を放散する熱量は極めて大にして地球の冷却収縮は動かすべからざる事実とは看做し難きに到った。

> （中略）

> 而て地殻を構成する岩石は地表より下るに従ひて漸次剛性と強度を増し、地下30〜40kmの深さに於て最高に達し之れより下るに従い漸次プラスティクの性質を増し、流動性を帯びるに到るを以て荷重の不均衡に因る破壊は30〜40kmの剛性大なる層に於て最も起り易く、従て震源となる機会も多い。

　当時、地震の生起要因は地球収縮説をとりながらも、我が国の地史的環境がアジア大陸の縁辺をなしており、内陸が高圧のために太平洋側に押しだされて弧状をなしている、とも言及している。大陸移動説やプレ

ートテクトニクスを臭わせる見解にも言及している。

　その後、地球収縮説にかわって**地向斜構造論**が主流の原理となる。これは、海底に厚く堆積しつづけた地層がある時期に隆起しはじめる、というシンプルな学説。我が国では、明治時代にはじまった地質学は緻密に列島の地層や岩石を調査した。これらの研究成果を地向斜の構造を理論的に組みたてた研究成果が主流となっていった。

大陸移動説

　アイソスタシー（地殻均衡説）は、**C.E. ダットン**（1841〜1912）によって 1889 年（M22）に仮説された理論。ダットンは米国陸軍の軍人で、のちに 1875 年（M8）に米国地質調査所で地質学者として勤務する。地球表面の軽い岩石がその下の重くて流動性のある岩石に浮いている。言いかえれば、軽い大陸地殻が重い海洋地殻よりも浮かびあがるという概念。大陸や海洋底の軽い「岩石」に対して「地殻」、その下の重くて流動する「マントル」を重さで説明した。

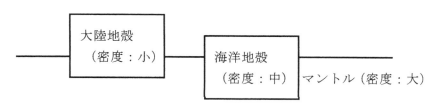

図 -1.2　大陸と海洋底で段差ができる仕組み

　これは、浮力の大きさは物体が押しのけた流体の重さに等しいという**アルキメデスの原理**の浮力の原理でアイソスタシーが成立できるという仮説であった。

　1912 年（M45）1 月 6 日、ドイツのフランクフルトで開催された地質学協会の会合で、『地殻の主要素（大陸と海洋）の成因』と題する講

演がおこなわれた。提唱者は**アルフレッド・ウェゲナー**（1880〜1930）。その4日後の1月10日には、マールブルクの自然科学振興協会の会合で、『大陸の水平移動』という講演もおこなわれた。そして、1915年（T4）には、代表作の『大陸と海洋の起源』（Die Hntstehung der Kontinente und Ozeane）は彼の集大成の論文である。いわゆる**大陸移動説**の着想を提唱した。

ウェゲナーは、ドイツの科学者で大学で天文学を学ぶ。職業として気象学や気候学を専門とした。大気の高層を気球で観測する高層気象学の先駆者で、『大気の熱力学』の理論書も公刊した。冒険家の顔ももち、熱気球での滞留時間の最高記録を樹立した実績をもつ。大陸氷河で覆われるグリーンランドの探検には積極的におもむいている。彼はケッペンの娘と結婚した。**ウラジミール・ペーター・ケッペン**（1846〜1940）はロシア生まれのドイツ人で大学で植物学を学ぶ。気象学・地球物理学・生物学など多領域で活躍した。特に気候学の業績は著名で、ケッペンの気候分類で知られ**近代気候学**の父とも称された。1918年（T7）に考案した世界の気候区分法は植物分布に着目し、熱帯・乾燥・温帯・冷帯・寒帯に区分し、その概念は現在も基本的に変わっていない。大気の上空を研究するため気球をつかって低気圧の熱的構造を解明した。1924（T13）には義理の息子であるウェゲナーと共著で『地質時代における気候』を発表している。

大陸移動説は1カ所に集中していた大陸が分裂して移動し、現在の配置になったという概念。大西洋の両側にあるアメリカ大陸とアフリカ大陸などの海岸線の地形がジグソーパズルのように相似性であることがヒントだった。この二つの大陸のあいだには、過去には大陸がつながっていたことを示す地層や化石、大陸氷河痕跡の分布など、その共通点を合理的に説明できた。しかし、大陸を水平方向に移動させる原動力まで説明できる知見がなく、空想的な学説であるとみなされた。この時代、陸上の限られたデータでの論理展開であり、大陸と大陸のあいだの海洋底

の状況は不明で未知の分野であった。

　大陸移動説を実証しようと、ヨーロッパのグリーンランドから同じ恒星を観測するため、大西洋をはさんで両地の距離が離れることを試みた。この観測をおこなうため、1930年（S5）グリーンランド探検の遠征途上、遭難して不慮の事故死をとげた。死後、ウェゲナーの大陸移動説はほとんど顧みられなかった。

　また、**アーサー・ホームズ**（1890〜1965）は、イギリス人の地質学者。1944年（S19）は大陸移動の原動力を地球内部の熱対流にもとめた**マントル対流説**を提唱する。

　当時の地質学は地球収縮説が主流で、移動させる原動力が説明がつかないという地球物理学の反論が支配的であった。大陸移動説は地球収縮説への新たな視点からの大きな挑戦で、受けいれられることなく、1950年（S25）ころまで注目されなかった。

プレートテクトニクス

　1950年（S25）代後半になると**古地磁気学**の研究などによって、ウェゲナーが提唱した大陸移動説は輝かしい復活をみせる。岩石に残された残留磁気から、岩石が生成され当時の磁極を知ることができる。ヨーロッパと北アメリカで調査した磁気の極移動曲線を復元して大陸を移動させると、二つの曲線はみごとに一致する。これは地球の自転で低緯度ほど大きく離れて大陸が移動していることを示している、と仮説された。

　1960年（S35）代になって海洋底探査技術の急速な進歩によって、海洋底の海嶺などの地形把握、海洋底や陸域の地震波など各種観測調査が充実し蓄積された。大陸移動説を補完するかたちでアイソスタシー、マントル対流説が注目され、海洋底拡大説などが提唱された。

　J. T. ウイルソン（1908〜1933）は、スコットランド系カナダ人の地球物理学、地質学者。1965年（S40）、深海底の地形探査によって明ら

かになった太平洋の中央海嶺に着目した。中央海嶺には分断され食い違っている場所がある。その海嶺と海嶺を結ぶ断層を**トランスフォーム断層**と命名。中央海嶺に生成されたプレートは発散する。プレートが拡大しようとしたときに発生する中央海嶺を横切る割れめがトランスフォーム断層であり、プレートテクトニクスの理論の有力な学説となる。ここで発生する震源は、海嶺と海嶺を結ぶ線上に分布している。海嶺でおこる地震は引張りの力でおこる「正断層型」。それに対しトランスフォーム断層でおきる地震は「横ずれ型」であった。これは、海嶺で海洋底が広がり、海嶺と海嶺が食い違っている場所で発生する海洋底のずれ違いをトランスフォーム断層が解消するものと考えた。この発見は**海洋底拡大説**を意味している。

　プレートテクトニクスは、地球表層部でおこる造山運動、火山噴火、地震など、地学現象の解明やメカニズムを、地球表面を覆う硬い板（プレート）の水平運動で説明する考え方である。

　プレートの運動は地球の表面をなぞる現象。球面状の回転運動で、回転軸のまわりの角速度であらわせる。極から離れるにしたがい相対速度が大きくなり、極からの緯度と速度は三角関数の関係にある。プレートが回転運動であれば、相対運動をしているいくつかのプレートがマントルから何らかの過程で生産され、水平移動し、さらに境界部で沈みこまないと、地球表面は一定とならない、という考え方である。

　1)　プレート運動は極をもつ回転運動である

　2)　地球表面は変形しない 10 数枚のプレートで覆われている

　3)　プレートは三つの境界で囲まれいる。一つはプレートが生成される**発散境界**（海嶺）、二つはプレートが沈みこむ**収束境界**（海溝）、三つにお互いにすれ違う**横ずれ境界**（トランスフォーム断層）

で説明され、さらにプレートには海洋プレートと大陸プレートとがある。海洋プレートは大陸プレートをもたないが、大陸プレートは巨大な大陸地殻をもつ。大陸プレートは沈みこんでなくなることはなく、初期地球

から**大陸地殻**をもっていた。これは、大陸プレートがマントルより軽いことによる。一方、海洋プレートは生成されてから2億年ほどの時間をかけて沈みこむ。

　地球表面は厚さおよそ100kmの10数枚のプレートで覆われている。地球表面で比較的地震のおきない10数枚のプレート部分とプレート間の境界の地震帯に分けて説明した。それぞれのプレートは地球表面に沿って移動する。プレートは硬くて変形しにくいため、プレート中央付近では地震や火山噴火といった活発な活動はみられない。一方、プレート同士が接触する縁辺や引き離されて新しく生みだされるプレートでは、変形が集中し、ひずみが蓄積する。島弧や若い山脈ではプレートが互いに近づいて激突したり、互いにすべるトランスフォーム現象がおこる。この地帯は造山運動や火山活動といった地学現象がおこっている。

　日本列島周辺地下での地震分布を見ると、深さ約170kmまで発生する地震の震源分布は、列島の下方に板が垂れさがって食いこむような形、沈み込みプレートに沿って深発地震が発生している。震源より近い場所よりも遠い場所で大きな震度が観測される「異常地震」もみられる。この現象は地震波を減衰させていく物質が太平洋から日本列島下方にむけて存在していることを意味する。

　プレートテクトニクスの着想は、地球物理学、古地磁気学、地球電磁気学、地史学、測地学、地質学、地震学など地球科学全般の研究成果を俯瞰して体系化したもの。1968年（S43）、フランス人のグザビエル・ル・ピション（1937～）、米国人のウイリアム・ジェイソン・モーガン（1935～）、カナダ人のジョン・ツゾー・ウイルソン（1908～1993）など複数の人が提唱した。

　当時、地球科学の革命（**パラダイムシフト**）、思想の転換を強いられたといわれ、これらの理論展開は、その後の地震発生メカニズムの解明の本質に大きな役割をはたした。

日本列島の地史

　日本列島は今からおよそ 2000 万年前、ユーラシア大陸の東縁が東西に引き裂かれ、地殻が大陸から分裂した。その裂けめは海に達し、そこに海水が入りこみ日本海が誕生。次第に大陸と日本列島のあいだで海底はゆっくり拡大し、1500 万年前ころに日本海の拡大は終わり、日本列島の原形ができた。日本列島がアジア大陸東縁からなぜ引き裂かれたのか、諸説ある。**アセノスフェア**（図 -1.3 地球内部の構造を参照）と呼ばれる高温で軟らかく巨大で南北に長い帯状のマントルが大陸地下に噴出し、地殻を押しあげて東西に裂かれた、というのが現時点で有力な説となっている。

　日本列島は中国大陸も含めた**ユーラシアプレート**に属し、その下に北側の**北米プレート**、東側の**太平洋プレート**と南側の**フィリピン海プレート**が沈みこんでいる。ユーラシアプレートと太平洋プレートの相対速度は 10.5cm／年、ユーラシアプレートとフィリピン海プレートは 4cm／年であることが知られている。

　日本列島やその周辺は、これらのプレートが激しくぶつかりあい、地殻変動を引きおこし現在も継続している。運動が活発な**環太平洋造山地帯**に属する。このため、ひずみエネルギーの蓄積が大きく、火山噴火や地震の多発地帯でもある。『理科年表』によれば、我が国の活火山は 112 カ所記載されている。過去の震源を日本地図上にプロットすると真っ黒く塗りつぶされる。世界の陸地面積の 0.1% にも満たない国土であるが、世界で発生する地震のおよそ 10% が日本周辺で発生している。

地殻とマントル

　大陸移動説を提唱したウェゲナーと同時代に、地震波観測による地球

内部の構造を解明しようと試みられている。この観測で初めての成果をあげたのがクロアチアの地震学者モホロビチッチ（1857～1936）であった。震源近くでは、浅い岩石層を通過して地震波はそのまま到達するが、震源から遠く離れている場合、地下深くの地震波が屈折して速く伝わる岩石層が存在することが観測された。地震波の速さが急変する境界はモホロビチッチ境界面、略して「モホ面」と呼ばれる。モホ面は地殻とマントルの境界であり、岩石の種類や物性が異なることを意味する。

　さらに、ドイツ生まれで渡米した地質学者のベノー・グーテンベルク（1889～1960）は、マントル下限の不連続面を観測する。この面はマントルと核の境界面でグーテンベルク不連続面と呼ばれる。

　地球の岩石圏を岩石の硬さで区分すると、硬い表層の岩石圏をリソスフェアと呼ばれ、およそ100kmの厚さがある。その下にはアセノスフェアと呼ばれる軟らかい岩石層がある。およそ100～400kmの厚さがある。

　地殻は、岩石の種類で分類される。大陸地殻は白っぽい花崗岩、海洋地殻は黒っぽい玄武岩、マントル上部はかんらん岩である。プレートは、上層が地殻の岩石、下層がマントルの岩石で構成されている。地殻の花崗岩の密度は 2.7g/cm³、玄武岩は 2.8g/cm³、アセノスフェアのかんらん岩は 3..8g/cm³と重いため、リソスフェアは密度が小さく浮力がはたらく。

　プレートテクトニクスの理論は、熱対流が原動力となって岩石が流動して移動する。岩石を構成する造岩鉱物は、代表的な元素として酸素（O）、ケイ素（Si）、マグネシウム（Mg）、鉄（Fe）で、ほかの元素や水分も微量であるが含有されている。生物圏では有機物の骨格となる炭素（C）が主成分であるが、鉱物圏ではケイ素（Si）である。その骨格は SiO_4 四面体の分子構造で構成される。

　図-1.3 に示すように表層の岩石層にはリソスフェアのプレートがあり、厚さはおよそ100km。その下位のある岩石層は高温のため軟らかく密度の大きいアセノスフェアで、厚さは100～400km。海洋プレートが誕生する場所は海嶺で、プレートが両側に離れることのより裂けめがで

きる。その裂けめを埋めるように地下の軟らかいアセノスフェアが上昇する。これが発散境界の海嶺。海洋プレートは大陸プレートより重い。水平移動する海洋プレートは、行き場を失いプレート間の密度差で大陸プレートの下部に潜りこむ。この場所が収束境界の海溝となる。

　岩石はなぜ流動するのか。物質の安定性や相変化は、物理学の基礎の一つである**熱力学の法則**や**物性物理学**から説明できる。

　熱力学の第一法則は、**エネルギー保存則**。物質と周囲のエネルギーの授受は、その変化の総和はゼロであるとして表現される。

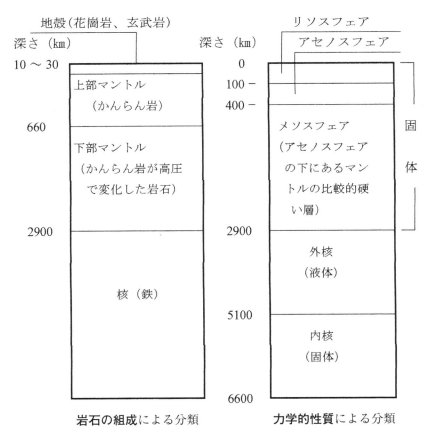

図-1.3　地球内部の構造

第二法則は、物質が変化するとき、熱エネルギーと機械エネルギーの
ほか、何かしらの熱エネルギーが物質内部で発生する**エントロピー生成**
の法則が成立する。エントロピーは熱力学上の状態量として、ドイツの
物理学者ルドルフ・J・E・クラジウス（1822〜1888）が 1865 年、熱
量と温度に関しての物質の状態系を表す量として、その概念を提唱した
法則。閉じた系では、温度がどの程度無秩序にちいの状態かをはかる尺
度である。ある状態から次の状態へ変化するとき、元の状態には決して
もどらない**不可逆過程**で、これがエントロピー増大の法則である。

　摩擦熱の発生、ジュール熱の発生はすべて不可逆過程である。機械的
な仕事には常に摩擦熱がともない、その力学的な仕事の一部は必ず熱エ
ネルギーに浪費される。また、電流による電気的な仕事は常にジュー
ル熱として熱エネルギーに転換される。そして、外からなんらかの作用
を加えることなしに熱エネルギーをひとりでに機械的仕事や電気エネル
ギーに換えることはできない。言いかえれば、熱力学第二法則は次のよ
うに表現できる。エネルギーの高低差には階級があって

1. 機械エネルギー、電気エネルギー
2. 化学エネルギー
3. 熱エネルギー

と段階づけると、外的働きかけなしに低級なエネルギーを高級なエネル
ギーに変えることはできない。すなわち、エネルギーは常に低級なエネ
ルギーの状態にしか自然には変化しない。エネルギーの低級化というこ
ととエントロピーの増大は、秩序・無秩序の概念をとおして自然に結び
つくことを表現している。物質の中にエントロピーという物理量（交換
可能と不可能なものの和）が発生する。エントロピー増大の法則で、自
然変化では必ず交換不可能なエントロピーは正の値で、変化が終わった
あと、そのエントロピーはゼロとなる状態が**平衡状態**と呼ばれる。状態
が変化すれば元の状態には決してもどらないことを意味する。

　第三の法則は、エントロピーが**絶対零度**（-273.15℃）ではゼロであ

ることを保障する。温度は物質の熱振動のエネルギーをもって定義される。熱振動は原子の振動でエネルギーが最低になる状態で、その下限値が絶対零度である。古典力学では原子の振動が完全に止まった状態にあたる。量子力学の世界では原子は運動し、その理論的な体系は異なる分野である。

物質には、固体、液体、気体の**三態**（相）が存在する。**固体**とは、物質を構成する分子（原子）どうしが化学結合によって強く結合し、格子状に規則正しく配列された状態。固体に熱エネルギーを加えると各分子が激しく振動するようになる。このとき、分子の化学結合に熱エネルギーよりも弱いところがあれば、その部分の分子は自由に移動できるようになる。この状態が**液体**。固体から液体へと相変化する温度が**融点**と呼ばれる。さらに熱を加えると、分子の熱エネルギーが結合エネルギーよりも大きくなり、化学結合が断ちきられる。このため、分子は広い空間を自由に運動できるようになる。この状態が**気体**で、その温度が**沸点**である。固体が液体になることなく直接気体になることを**昇華**と呼ぶ。

物質を軟らかくするには、熱エネルギーを加え、分子間の結合よりも大きな熱運動の状態をつくりだし、分子の結合を断ちきる必要がある。高圧になるほど物質はとけにくくなり、圧力がかかればかかるほど、分子の自由な運動がさまたげられる。

固体である岩石を熱していくと、ある温度で融解して液体になる。ただし、ある温度でいっきに岩石全体がとけるわけではない。岩石がとけはじめる温度ととけきる温度には差がある。その二つの温度をそれぞれ**ソリダス、リキダス**と呼ばれている。岩石にはさまざまな鉱物が含まれているので、ソリダスでは一番とけやすい鉱物（分子の化学結合の弱いところのある鉱物）がとけはじめる。ソリダスとリキダスのあいだの温度では、岩石が部分的にとけている状態の**部分融解**である。地球内部の岩石がとける温度は、構成する鉱物の組みあわせにより異なる。深さ15kmの花崗岩のソリダスは約700℃、深さ60〜100kmでのかんらん岩の

ソリダスは約 1300～1500℃ となる。

　岩石の一部がとけて生じた液相を**メルト**と呼ぶ。メルトと固相（岩石）の混合物が**マグマ**である。

　岩石の骨格は SiO_4 四面体の分子構造で、1 個のケイ素と 4 個の酸素が結びついている。この四面体 SiO_4 では、酸素の電子が余分となりマイナス 4 価の電気を帯びた SiO_4^{4-} となる。マイナス 4 価の陰イオンはマグネシウムや鉄などほかの分子と結合する。この分子構造の集合体が鉱物であり、鉱物の結晶は別々に成長する。結晶の分子のイオンの並びかたはバラバラで、鉱物の境界には間隙ができる。岩石の中には数 % の水分が含まれ、この間隙に水が充填されている。

　岩石が高温・高圧下の環境では、力学的挙動として鉱物結晶に水が関与して、ゴムのような**弾性変形**と粘土のような**塑性変形**を呈する。岩石の反発力には限界があり、これを超えると破壊する。水は数 100～数 1000℃ の熱水で、鉱物をよく溶かし水溶液をつくりだす。さらに、イオンは熱運動によって振動し結晶内で変形をおこす。これが**結晶内変形**と呼ばれる。このような現象が地殻内部で連続的におこり、岩石が流動するメカニズムとされている。この考え方は、熱力学や物性物理学の概念から導かれる。

地殻内部の破壊と地震発生

　地震を引きおこす要因は、プレート同士がであう場所の付近で、さまざまなタイプの地震が発生する。海側のプレートによって引きずりこまれた陸側のプレートの部分が跳ねあがることによっておこる**プレート間地震**。沈みこむ海側プレート内部で発生する**プレート内地震**。陸側プレートの浅いところで発生する**内陸型地震**。海溝外側の沖でおきる**アウターライズ地震**。プレート間地震とプレート内地震をあわせて**海溝型地震**と総称される。

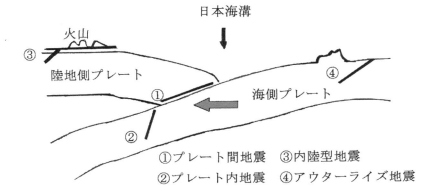

①プレート間地震　③内陸型地震
②プレート内地震　④アウターライズ地震

図-1.4　地震が発生する場所

　地震は地下深くで生ずる急激な岩盤の**ずれ破壊**によって引きおこされる。このずれた場所が断層である。このずれは、ある大きさをもった面や幅をもっておこる。面が明瞭な場合は**断層面**、幅をもった場合は**断層帯**あるいは**せん断帯**と呼ばれる。断層や断層帯は、岩石に加わる力により破壊的な変形でおこる。

　断層が形成されるメカニズムについて、応力、ひずみ、せん断強度など**連続体力学**から論ずることができる。

　物体の受ける圧力の定義を図-1.5 に示す。直交する X、Y、Z の三方向から力が加わる。その力が大きいものから F_1、F_2、F_3 とする。力の加わる面積を S_1、S_2、S_3 とする。それぞれの面に加わる応力は、$\sigma_1 = F_1/S_1$、$\sigma_2 = F_2/S_2$、$\sigma_3 = F_3/S_3$ と定義される。三方向から同じような物理的性質を呈する場合を等方的な物質と呼ぶ。弾性的な性質には二つのバネ定数があり、**体積弾性係数 K** と**剛性率 G** で表される。図-1.6 には応力とひずみの関係を示す。

　物体が周囲から圧力を受けても一定のひずみが発生し、応力がとりのぞかれると反発して元にもどる場合を**弾性ひずみ**という。このとき、応力とひずみは比例関係にある。直線の部分が弾性法則の範囲にある。反発力には限界がある。この限界が物質の強度である。強度には**破壊強度**

と**降伏強度**がある。前者は物体が破壊する**臨界応力**である。降伏強度は物体が弾性的な変形をこえて急にひずみが増加する。このような挙動のはじまる領域が**降伏点**と呼ばれる。

　物体は、破壊強度に達すると破壊面ができる。破壊面はせん断ずれ面

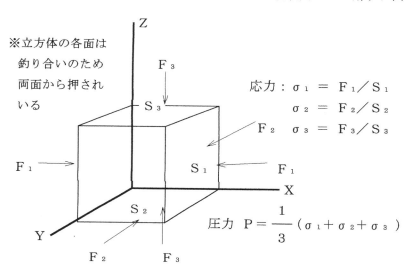

図-1.5　地殻内部の応力と圧力の定義

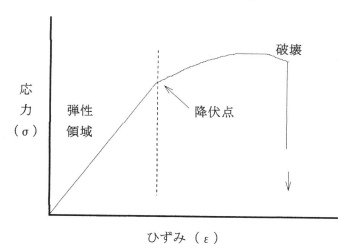

図-1.6　応力（σ）－ ひずみ（ε）曲線

26

であり、最大応力σ_1と最小応力σ_3のあいだの方向となる。破壊現象はせん断面に沿うせん断応力の臨界値でおこる。このときのせん断強度τは、物質の性質によって異なり、式（1.1）のような関係にある。これは**クーロンーナビエの式**と呼ばれる。

　地殻内部では、押されたり引張られたりして差応力が発生し、σ_1、σ_2、σ_3は一致しない。地殻が伸びていれば水平方向にσ_3となり、垂直方向にσ_1となる。反対に地殻が縮んでいれば水平方向にσ_1となり、垂直方向にσ_3となる。中間的な地殻ではσ_1とσ_3は水平方向となる。このような応力の配置を図 -1.8 に示す。

　まず第一の場合、σ_1が垂直でσ_3が水平では、ほぼ垂直から 40〜60

$$\tau \ = \ \tau_0 \ + \ fV \qquad\qquad (式\ 1.1)$$

　　　　ここでτ_0；純せん断強度

　　　　　　　V；面に働く垂直応力

　　　　　　　f；摩擦係数（$\tan \phi$）

　　　　　　　ϕ；内部摩擦角

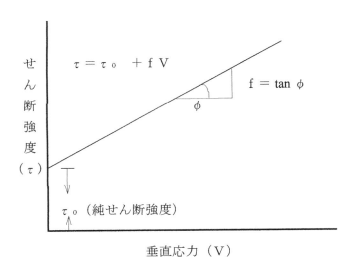

図 -1.7　応せん断強度（τ）と垂直応力（V）の関係

27

度くらいの傾斜の二つの面で、断層面の上盤の部分が下にずれるような変位をする。これは**正断層**の動きである。第二の場合、σ_1が水平で、σ_3が垂直では、σ_1の方向に対して30〜50度くらいの角度で断層面が形成され、上盤が上昇する変位をおこす。これは**逆断層**の動きである。第三の中間的な場合には、σ_1に対して40〜60度くらいの方向に垂直な断層面が形成され、断層面を境にして左右のブロックが横ずれ変位をおこす。これは**横ずれ断層**の動きである。

　断層面の方向と断層面の変位がわかると、断層周辺の地殻にはたらくσ_1、σ_2、σ_3の方向が求まる。

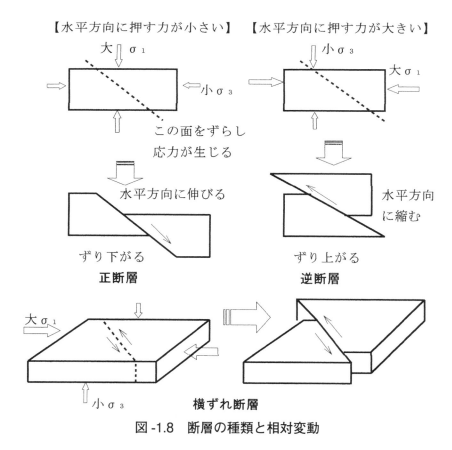

図-1.8　断層の種類と相対変動

第一の場合、二つの断層が互いに交わってみられ、その断層が互いに反対方向で、それらを互いに共役な正断層であるといい、その中間軸に最大応力があり、その垂直方向にσ_3がある。第二の場合、共役な断層系は正断層とは逆に、断層を二分する垂直に近い方向がσ_3となる。第三の横ずれの場合、σ_1およびσ_3は、いずれも水平に近い方向にある。横ずれ断層の場合、断層を左右にみて、上盤が右にずれる場合を「右ずれ断層」、逆に左にずれる場合を「左ずれ断層」と呼ぶ。右ずれ断層と左ずれ断層がともにあれば共役断層系であり、その中間軸方向にσ_1とσ_3が存在することになる。

　日本列島は褶曲運動が卓越し水平方向にσ_1があり、第二の「逆断層」になることが一般的である。この一般的な断層である「逆断層」は英語で「reverse fault」の「逆向きの断層」と呼ぶ。「正断層」は「normal fault」の「ふつうの向きの断層」。reverse と normal の呼びかたは、イギリスの炭鉱で見つかる断層をもとに決められた。そこで見つかった断層のほとんどが正断層であったことから、その断層を normal とし、それと逆向きに動く断層を reverse と呼ぶようになった。

　物体の変形は、弾性体力学では弾性変形と塑性変形の二つがあることを前述した。物性物理学や岩石学では、この変形を**脆性変形**と**塑性変形**と呼んでいる。脆性とは、物質のもろさを表す用語で、脆性変形は、外力で生じる弾性ひずみが物質のもつ限界をこえた場合にみられる変形で、破壊現象をいう。脆性破壊とも呼ばれている。地震は断層の脆性破壊によって発生する。一方、塑性とは、外力により岩石が非弾性的に変形する現象。塑性変形がおこると永久変形となって力をとりのぞいても元に戻らない状態になる。軟らかい岩石では塑性変形が支配的となる。脆性破壊の岩石はバリッと割れる変形、塑性変形は岩石がゆっくりと流動する変形となる。

　岩石の変形様式は、その岩石の脆性破壊強度、塑性破壊強度に関係する。鉱物の種類や粒径などにも依存するが、大きな影響を与えるものは、

圧力と温度が支配する。断層面の脆性破壊強度は、その面に直交する方向にかかる圧力に比例する。一方、塑性変形強度は鉱物内の結晶格子に沿った変形の伝搬が原因なので、結晶格子を断ちきることのできる高温条件下ほど塑性変形強度が小さくなる。その大きな要因は「水」が関与していることは前述のとおりである。

　プレート間の境界で発生する地震は、温度350℃程度までとされている。それより温度が高くなると、プレート境界が十分に固着できず、ずるずるとすべってしまうためと考えれている。プレート境界型地震がおこる深さの下限は、北海道や東北地方の地下では60km程度、西南日本では30km程度とされている。

Ⅱ．地震とマグニチュード

断層活動

　地震学には二つの体系がある。地球物理学の立場から地震波が地球内部まで到達するので、その波形から地球内部の構造を明らかにしようとするもの。マントル部分の地震波の反射や減衰などから、地殻、マントル、外核やその境界の物理的性質を解明する。あと一つは、地震がどのような要因で生起するのか、その地震でどのような揺れになるのか。その中で、地震の生起要因の解明は地震学の基本命題の一つである。プレートテクトニクスの理論が確立されたのは、1960 年代（S35）以降とごく最近である。地震波観測記録の数理解析などで、地下の割れめがずれ動き（断層活動）、食いちがいをおこすことによることが理論的に解明された。

　1962 年（S37）、世界標準地震観測網（WWSSN）が整備され、地震観測データが蓄積された。米ソ冷戦時代下に地下核実験監視のため、共産圏の国を除く世界 120 の地点に地震計が設置された。核実験爆発による地震波を解析するものであった。この地震観測網によって、全世界的な長周期地震波と短周期地震波の観測が可能となった。

　火山性地震は別として、地震は地盤に蓄積されたひずみエネルギーが限界に達し、断層が面的な広がりをもって活動し、そのエネルギーが解放される現象が地震である。

　断層のずれかたは前章で詳述したように、そのずれかたには三つのタ

イプがある。正断層は、断層面を境にして引張力によって上側の地盤が
ずれさがる。逆断層は、圧縮力によって上側の地盤がずれあがる。また、
断層面を境に互いに水平方向にずれ動くタイプもある。右向きにずれる
と右横ずれ断層、左向きにずれると左横ずれ断層。正断層、逆断層は上
下方向にずれるだけでなく、水平方向のずれをともなうこともある。地
盤はずれ動きながら、ある一定の時間をかけてこわれ、その破壊が一定
の範囲まで広がり、地震波が放出される。

地震波

　地震波の観測は古くからおこなわれている。130 年（後漢の順帝時代）
のころ、張衡が地動儀を製作。我が国では、1870 年（M3）にオランダ
製の振り子による地震観測がはじまった。1890 年（M23）ころに中立
の釣り合いによる不動点を利用する科学的な地震計が開発される。1910
年（M43）ころから振り子を利用した種々の地震計が製作され、地震波
の観測が本格化した。観測記録の解析から、古くから地震波には縦波、
横波と表面波の存在が知られていた。

　初期の観測記録では、震央から地盤内部を伝搬する地震波は、弾性波
として二種類あり、**縦波**（L_0 gitudinal wave）と**横波**（Transverse
wave）、そのほか**表面波**があるとされていた。

　地盤を弾性体とみなし縦波 v_l、横波 v_t は、運動の方程式により

$$v_l = \sqrt{\frac{E}{\rho} \frac{1 - \sigma}{(1 + \sigma)(1 - 2\sigma)}}$$

$$v_t = \sqrt{\frac{E}{\rho} \frac{1 - \sigma}{2(1 + \sigma)}} \qquad (式 \ 2.1)$$

$$\sigma = \frac{1}{m} = \frac{1}{2} \frac{E}{G} - 1$$

ここで、ρは密度、mはポアソン比、Eは弾性係数、Gは剛性係数で求められるとし、代表的な地盤では

縦波の伝搬速度　　$v_l \fallingdotseq 5.8\mathrm{km}/\mathrm{sec}$

横波の伝搬速度　　$v_t \fallingdotseq 3.5\mathrm{km}/\mathrm{sec}$

と算定。さらに、震源より震央に伝搬される地震波が地表にでて四方に伝搬し、減衰しながら少し遅れて観測地で記録される。これが表面波であり、

表面波の伝搬速度　　$v_S \fallingdotseq 3.3\mathrm{km}/\mathrm{sec}$

とされた。

現在は、**P波**（primary wave の初期微動）、**S波**（secondary wave の主要動）、**表面波**として**レーリー波**（1885 年（M18）・理論確立）、**ラブ波**（1911 年（M44）・理論確立）と呼ばれる。伝搬速度など性質が異なる波形が観測されている。P波は、震源から観測地に最初にとどく波で、一番はじめという意味のプライマリーの頭文字をとったP波。次に観測されるのがセカンダリーの二番目のS波。その後に地球の表面を伝わるレーリー波、ラブ波といった主要な波が観測地に到達する。

地震波のP波とS波の特徴を表 -2.1 に示す。

表 -2.1　地震波のP波とS波の特徴

地　震　波		P波（primary wave）	S波（secondary wave）
波　の　種　類		縦波（疎密波）	横　波
振　動　の　方　向		進行方向と同じ	進行方向に直角
波を伝える物質	固体	伝わる	伝わる
	液体	伝わる	伝わらない
速さ	地　殻	6 〜 7 km/sec	3 〜 3. 5 km/sec
	マントル	8 〜 14 km/sec	4 〜 7 km/sec

古典的な地震波形の利用方法は、P波、S波の主要波が観測地に到達した時刻と、最大の揺れである振幅を読みとり、震源や地震の規模を推

定する手段であった。1960 年（S35）代になって、複雑な地震波形の読みとり技術や数理解析によって、地震発生のメカニズムの解明は飛躍的に向上した。

　P 波は震源の情報を運んでくる波形。地下でどのような現象がおきているのか、断層がどのようにずれているのか。長周期地震計の P 波の波形から、P 波の継続時間は断層破壊（ずれ）の時間と一致する。P 波の観測時間が終われば、震源ではその後は何もおこらない。長周期での地震波形の立ちあがりパルスは、遠方では三角波形となる。三角形の底辺の幅は、震源での地震の継続時間に比例し、三角形の面積は断層面の大きさとずれの大きさの比例する。大きな断層が速くずれたのか、ゆっくりずれたのか、その情報を与えてくれる。

　2011 年（H23）3 月 11 日の東北地方太平洋沖地震（東日本大震災をもたらした地震）では 150 秒の S 波が観測されている。S 波やレーリー波、ラブ波は、振幅が大きく、大きな横揺れエネルギーが含まれているため、津波や建物被害など、震害の主要因となる。

地震エネルギー

　地震を物理現象としてとらえる場合、仕事とエネルギーは切り離せない関係の概念である。その概念で**地震をエネルギー**として考える方法がある。

　地震の際は、地殻内に蓄積されたひずみエネルギーが限界に達し解放される。そのうち一部は岩石を破壊するためにつかわれたり、摩擦熱としてつかわれる。残りが地震波として放出される。これらの現象を式で表すと以下のとおりとなる。

$$Ew = EG + EF + ER \qquad\qquad （式 2.2）$$

ここで、Ew は地震エネルギー、EG は岩石を破壊する仕事エネルギー、EF は摩擦熱として放出される熱エネルギー、FR は地震波として放出

される震動エネルギー。EG と EF は地震波として放出されないエネルギーとなる。

マグニチュード

① ローカルマグニチュード（M_L）

マグニチュードは地震の大きさを示す一つの指標。もともと、地震が発生した際、報道機関に迅速に正しく伝えるためにあみだされた概念であった。

マグニチュード M の最初の定義は、1935 年（S10）、ドイツ人で米国カリフォルニア工科大学教授の**チャールズ・リヒター**（1900〜1985）による。M という概念を地震学に導入し、提唱された。現在は M_L と表記され**ローカルマグニチュード**と呼ばれる。観測値の記録紙から直接求められる最大振幅を、震源距離で補正し、その対数からマグニチュードスケールとして定義した。

$$M_L = \log A + \log B \qquad\qquad （式 2.3）$$

A はウッド・アンダーソン式地震計（固有周期 0.8sec、減衰定数 0.8、倍率 2800）の水平 1 成分の記録紙上の最大振幅（μm）。$\log B$ は震央距離 Δ（km）を 100km を基準に地震波の減衰を補正する項。

この M_L は、カリフォルニア周辺の浅い近地地震に対して定義されたもの。約 0.1〜10sec 周期の地震波で、表面波の波長にすると 300 m 〜 30km の範囲で適用された。

リヒターによるマグニチュードの定義の要点は、震幅の常用対数を用いることにあり、その後のさまざまな定義の基準となった。

② 表面波マグニチュード（M_S）

1945 年（S20）、カリフォルニア工科大学地震研究所長の**ベノ・グーテンベルグ**（1889〜1960）は、世界中の地震にもつかえるようなマグ

ニチュードスケールを作成した。M_S で表記され**表面波マグニチュード**と呼ばれる。震源から非常に離れた地震記録では、約 20sec 周期の表面波が目だつことに注目した。周期 20sec は波長 60km に相当する。周期 20sec の表面波の振幅をつかい、地震の大きさを表す式を作成した。

$$M_S = \log A + \log B \qquad (式\ 2.4)$$

A は周期 20sec 前後の表面波の水平動最大振幅（水平動 2 成分をベクトル合成したものの絶対値の最大、単位は μ m）。

$$\log B = 1.656 \log \Delta + 1.818 \qquad (式\ 2.5)$$

Δ は震央距離（単位は度）の関数で Δ が $15°$ から $130°$ の範囲で適用。

③. 実体波マグニチュード（m_B）

1945 年（S20）、グーテンベルグは m_B と表記する**実体波マグニチュード**を計算する式を提唱した。震源が浅い地震は表面波はたくさん放出されるが、震源の深い地震では極端に少なくなる。震源の深い地震の大きさも表せるような計算式。地球内部を伝わってくる 1〜10sec 程度の実体波、P 波や S 波を使うもの。

$$m_B = \log\ (A/T) + Q\ (\Delta、h) \qquad (式\ 2.6)$$

A は実体波（P、PP、S）の上下動または水平動の最大振幅（単位は μ m）、T は周期（単位は sec）、Q は震央距離 Δ と震源の深さ h の関数で示される定数。

現在、国際的に広く用いられている表面波マグニチュードは、1962 年（S37）からに以下の示す式で求められている。

$$m_B = \log\ (A/T) + 1.661 \log \Delta + 3.3 \qquad (式\ 2.7)$$

T は表面波の周期（単位は sec）で、この式は震央距離が $20°$ から $160°$ の範囲について用いられる。上下動の A と T を使うことが多い。

④. 気象庁マグニチュード（M）

気象庁マグニチュードは 2003 年（H15）改訂された。式（2.8）によ

りできるだけ多くの観測点で M を求め、それぞれの平均値とする。平均値は b）、a）、c）の順で優先される（H は震源の深さ）。

 a）M = logA + 1.73log Δ − 0.83

 b）$M = logA_h + \beta_D (\Delta、H) + C_D$ （式 2.8）

 c）$M = logA_Z/0.85 + \beta_V (\Delta、H) + C_V$

A_h は中周期変位型地震計による水平動最大震幅（周期 5sec 以下、単位はμm）、A は A_h のうち気象官署で観測されたもの。A_Z は短周期速度型地震計による最大地動速度振幅（上下動、単位は 10^{-3}cm /sec）。Δは震央距離（単位は km）。C_D、C_V は地震計の種類や設置状況に応じた補正項。距離減衰項の$\beta_D (\Delta、H)$、$\beta_V (\Delta、H)$ は表で示されている。

 我が国では気象庁マグニチュードで発表される。地震エネルギーの大きさの目安で、log の対数で表されている。M が 0.2 大きくなるとエネルギーは 2 倍、数字が 1 大ききなるとエネルギーは約 32 倍、2 大きくとなると約 1000 倍となる。

⑤．モーメントマグニチュード（M_w）

 地震を物理現象として、地震をエネルギー面からとらえると限界がある。グーテンベルグやリヒターが提案したエネルギーと地震規模を表す関係式は、断層の長さが 100km をこえるような地震にはあてはまらなくなる。周期 20sec の波形では、断層の長さが 100km をこえても振幅がそれ以上大きくならない。表面波マグニチュード（M_S）や実体波マグニチュード（m_B）は限られた周期の地震計から求められるので、それぞれ、M8.5、M7 程度で頭打ちとなる。

 断層がずれ動くとき、小刻みな短周期地震波からゆったりとした長周期の地震波まで、さまざまな地震波が発生する。地震波を観測する地震計は、ある幅の周波数しか観測されない。1950 年（S25）代まではほとんど 20〜30sec 周期までしか観測されない地震計の機構であった。

 巨大地震では、波長の長い 200〜300sec、もっと長い周期の地震波が

発生することが分かってきた。1960年（S35）5月23日発生したチリ地震津波（M_S9.5）では1000kmもの断層がずれ、周期が1時間にもおよぶような超長周期の地震波が観測された。

1977年（S52）、当時カリフォルニア工科大学教授（後に米国地震学会会長）の**金森博雄**（1936〜）は、**モーメントマグニチュード理論**を提案した。

$$M_W = (\log M_0 - 9.1)/1.5 \qquad\qquad （式2.9）$$

ここで、M_0は地震波の波形で地殻変動から求められる地震モーメント（単位はN・m）で、断層運動として地震の大きさを表す量。震源断層の面積をS、平均変位量をD、地震の起こった岩盤の剛性率をμとすると、地震モーメントは

$$M_0 = \mu\,DS \qquad\qquad （式2.10）$$

として算出する。

地震モーメントM_Wは、岩盤の変形（ひずみ）が元にもどるときに出すエネルギー。ひずみの平均変位量Dは、断層のずれの大きさを断層の長さで割った値から計算する。この考え方は、前掲の地震エネルギーで述べた物理現象としてとらえた。

弾性論で弾性体に力が作用するときにどのような波が発生するのか、弾性論と地震断層の考え方を結びつけ考えかたがある。この理論は、地震が断層運動であることが科学的に実証されたもので、1966年（S41）、東京大学地震研究所の**安芸敬一**（1930〜）が提唱した理論。

M_Wは、エネルギーをもとにした尺度であり仕事のWorkのWを添字にしている。このM_Wは、地震年表で1978年（S53）の「伊豆大島近海地震」からM7.0、M_W6.6併記してと記載されはじめた。表-2.2には、主要な地震のMとM_Wの関係を示す。

安芸敬一の父は**安芸皎一**（1902〜1985）。東京帝国大学で物部長穂のもとで水理学を学び、その後内務省の技師となる。主著は河川工学分野の『河相論』で現在でも古典の名著として広く愛読されている。

表 -2.2　主要地震のマグニチュード M とモーメントマグニチュード Mw

地　震　名	起　年　月	M	M_w	備　　考
日本海中部地震	1983 年　(S58) 5.26	7.7	7.7	
兵庫県南部地震	1995 年　(H7) 1.17	7.3	6.9	阪神淡路大震災
岩手・宮城内陸地震	2008 年　(H20) 6.14	7.2	6.9	
東北地方太平洋沖地震	2011 年　(H23) 3.11	9.0	9.1	東日本大震災
北海道胆振東部地震	2018 年　(H30) 9.6	6.7	6.7	

⑥. モーメント関数（MRF）

　これは**震源時間関数**と呼ばれる。津波地震は、短周期と長周期のエネルギーの放出が極端に違う地震で、長周期の地震波をたくさん出す。断層がずれ動くとき、どのようなエネルギーの出しかたをしているかを表す関数で、短時間で一気にエネルギーを出す、あるいは長い時間をかけてだらだらなエネルギーを出す地震などを知ることができる。モーメント関数を使った解析で、どの周期帯でたくさんのエネルギーをたくさん出ているか解析が可能。短周期のエネルギーは少ないのに、長周期のエネルギーは多いなど、これらを表す関数である。

　岩盤のすべる速度が遅く、長周期の地震波をたくさん放出するのが**ゆっくり地震**と呼ばれる。この地震の一つに**津波地震**がある。さらに、ごくゆっくりとした断層すべりで、揺れも津波も発生させない**サイレント地震**または**見えない地震**がある。そして、**スロースリップ**は、数ヶ月〜数年の周期で繰りかえされたり、すべる場所が移動することがある。

　最近は、急速に整備された高密度の地震や地殻変動の観測網により、これまで知られていなかったプレート境界の状態を表す用語のアスペリティなど新たな現象が解明されつつある。

　アスペリティ（asperity）を地震調査研究推進本部では「プレート境界や活断層などの断層面上で、通常は強く**固着**していて、ある時に急激にずれて（すべって）地震波を出す領域のち、周囲に比べて特にすべり

量が大きい領域」と定義されている。この用語は、もともと物体表面の凸凹の度合の粗さを意味する。地震学では、断層の「突起部分」や「断層の強度の大きい領域」など、さまざまな意味で使われている。固着域は沈みこむプレートが上盤プレートとかみあっている領域をさす。その中でも特に地震時に大きくすべる領域がアスペリティである。

　プレート境界型の地震の大きさを決める要因は、プレート境界の蓄積されたひずみの大きさと、破壊されるアスペリティの組みあわせによる。ひずみの大きさは断層のすべり量、アスペリティの組みあわせは震源域の空間的広がりを特徴づけるパラメータとなる。プレート境界にはさまざまなアスペリティが存在する。単独破壊の規模の小さい地震から、連動破壊により、アスペリティが次々と破壊されて大きな地震に成長する場合もある。

気象庁震度階級

　2007（H19）10月から緊急地震速報が一般への情報提供が開始された。地震の初期微動のP波と主要動のS波の伝搬速度を差を利用し、地震発生直後に震源に近い地震計の観測データを解析し、各地の主要動到達時刻と震度を推定、可能な限り迅速に伝えることを目的としている。

　地震が発生した直後、TVのニュース速報で気象庁から地震情報が発表される。最初に各地の計測震度「I」、その後、震央の位置と地震規模の大きさを表すマグニチュード「M」が報道される。

　震度階は、被災状況の実態を反映させるため、年代によって、その基準が見なおされてきた。1884年（M17）、内務省地理局から『地震報告心得』の通達が発出される。全国600カ所の郡役所から地震情報の収集が開始される。日本最初の統一様式として、「微震」、「弱震」、「強震」、「烈震」の四段階で震度階級が定められた。1898年（M31）に、微震（感覚ナシ）、微震と弱震のあいだに「弱震（震度弱キ方）」、弱震と強震の

あいだに「強震（震度弱キ方）」が追加されて 0〜6 のまでの 7 階級に
改定された。1904 年（M37）に気象官署と民間委託（区内観測所）
1437 カ所で地震時の震度が観測される。我が国では気象官署の職員が
主観的、感覚的に決めていた。**体感震度**と呼ばれる。1898 年（M31）
から 1948 年（S23）までは、呼びかたや区分に差はあるものの、震度
は 0〜6 の 7 段階で区分されていた。当時の震度区分を表 -2.3 に示す。

1936 年（S11）、「微震（感覚ナシ）」を「無感」、「弱震（震度弱キ方）」
を「軽震」、「強震（震度弱キ方）」を「中震」に改称した。

1948 年（S23）6 月 28 日、福井地震（M7.1）が発生した。福井平野
の直下で発生した横ずれ断層型の内陸地震で、福井市で最大震度 6 を記
録した。福井平野では多くの集落で家屋全壊率 100% ちかくに達した。
その範囲は南北 20km、東西 10km ほどの範囲で、沖積層が厚く堆積した
軟弱な地盤の平野中央部で被害が大きかった。この地震による被害があ
まりに甚大であったため、家屋倒壊率 30% 以上を基準とする「震度 7」

表 -2.3　中央気象台の震度スケール

震度階	震度の呼称	人体・家屋等の状況
0	無感覚地震	地震計に感ずるも人体には全く感ぜるもの
1	微　震	静止せる人又は地震に特に敏感なる人のみに感ずる
2	弱震（弱き方）	一般の人が感じ、戸障子が僅かに動く
3	弱　震	家屋が動揺し、戸障子が鼓動し、電燈の如き吊下物及び器中の水面の動揺が判る程度
4	強震（弱き方）	家屋が動揺烈しく、据り悪き器物は倒れ、八分目位に入りし水が器外に溢出する
5	強　震	家屋の壁に亀裂を生じ、墓石、石灯籠等倒れ、煉瓦煙突、土蔵に破損
6	烈　震	家屋倒壊し、山崩れ、崖崩れ等多く、平地に亀裂が生ずる

が新たに加わり、8段階の震度階級に改定された。その後、この震度7が初めて適用されたのが1995年（H7）1月17日発生した兵庫県南部地震で被災した「阪神・淡路大震災」（M7.3）であった。家屋倒壊率30%以上を確認するため多くの時間を要したため、震度7の発表が大幅に遅れた。また、震度5と震度6の地域では被害の程度に大きな差があり、問題となった。このため、1996（H8）年4月から、気象庁職員が体感や揺れの大きさで決めていた「体感震度」から、主観による判断を排除するため、計測震度計の自動計測機器から得られたデータからが決める**計測震度**が導入された。それと同時に震度5と震度6をそれぞれ強と弱にわけ、全体で10段階の震度階級となり、現在にいたっている。

計測震度「I」は地震動の強さを表す指標で、式（2.11）により算出されたものを小数点第3位を四捨五入し、少数第2位を切り捨てたものをいう。

$$I = 2 \cdot \log (a_0) + 0.94 \qquad\qquad （式2.11）$$

a_0は、$\int w（t、a）dt \geq 0.3$を満たすaの最大値、tは時間（sec）、aは地震動の加速度に係るパラメータ（cm /sec^2）で、積分範囲は地震動が継続している時間。w（t、a）はv（t）<aのとき0、v（t）a $\geq$ aのとき1を値をとる関数。v（t）は地震動に直交する3成分の加速度にそれぞれフィルターをかけた後のベクトル合成値（cm /sec^2）。

気象庁が定めている計測震度Iと、その計測震度に対応する関連解説の主要内容を表-2.4、2.5に示す。また、参考に震度階級と加速度の関係を表-2.6に示す。

加速度galは、1sec間にどれだけの速度で変位したのか、単位はcm /sec^{2}であらわされる。仮に、周期1secの波が同じ振幅で数秒間つづくと震度7の下限値に相当する計測震度6.5以上になる加速度は、3成分の合成値が600gal以上となる。計測震度7は、地震波の周期によって加速度は大きく異なり、これが0.5secの周期で900gal以上、0.1secの

表 -2.4　気象庁震度階級（1996 改定）

震度階級	計 測 震 度	震度階級	計 測 震 度
0	0．5未満	5 弱	4．5以上5．0未満
1	0．5以上1．5未満	5 強	5．0 0以上5．5未満
2	1．5以上2．5未満	6 弱	5．5以上6．0未満
3	2．5以上3．5未満	6 強	6．0以上6．5未満
4	3．5以上4．5未満	7	6．5以上

表 -2.5　気象庁震度階級関連解説（2009）

震度階	人 の 体 感 ・ 行 動
0	人は揺れを感じないが、地震計には記録される。
1	屋内で静かにしている人の中には揺れをわずかに感じる人がいる。
2	屋内で静かにしている人の大半が揺れを感じる。眠っている人の中には目を覚ます人もいる。
3	屋内にいる人のほとんどが揺れを感じる。歩いている人の中には揺れを感じる人もいる。眠っている人の大半が目を覚ます。
4	ほとんどの人が驚く。歩いている人のほとんどが、揺れを感じる。眠っている人のほとんどが目を覚ます。
5 弱	大半の人が恐怖を覚え、物につかまりたいと感じる。
5 強	大半の人が物につかならないと歩くことが難しいなど、行動に支障を感じる。
6 弱	立っていることが困難になる。
6 強	立っていることができず，はわないと動くことができない。揺れにほんろ
7	うされ、動くこともできず、飛ばされることもある。

表 -2.6　震度階級と加速度の関係

震度階級	参考加速度度（gal）	震度階級	参考加速度度（gal）
0	0～0．6	5 弱	60～110
1	0．6～1	5 強	110～200
2	2～6	6 弱	200～350
3	6～20	6 強	350～600
4	20～60	7	600 以上

場合は 2700gal 以上となる。

震央距離の求め方

観測地点から震央までの距離は、角震央距離として求める。

$$\cos \Delta = \sin \psi_0 \qquad\qquad\qquad (式 2.12)$$

$$\sin \psi + \cos \psi_0 \cos \psi_0 \cos (\lambda_0 - \lambda)$$

ψ_0、λ_0 は、震央に中心緯度、経度。ψ、λ は観測所の中心緯度、経度。Δ は角震央距離である。実際の計算は

$$A = \cos \psi_0 \cos \lambda_0 \quad B = \cos \psi 0 \sin \lambda_0 \quad C = \sin \psi_0$$

$$a = \cos \psi \cos \lambda \quad\quad b = \cos \psi \sin \lambda \quad\quad c = \sin \psi$$

とすれば

$$\cos \Delta = aA + bB + cC$$

として求められる。

Ⅲ．我が国の地震研究組織

科学技術の黎明

　鎖国から開国という幕末から明治時代初期の社会はめまぐるしい展開で進展した。明治政府にとって近代化は国是であり、急がねばならなかった。科学技術分野でも、鎖国政策のため実証的経験の範ちゅうに停滞していた。このため、近代化を急ぐためには西欧諸国の先進的な科学技術を学び、指導が必要とされた。我が国の鉄道の生みの親であるイギリス人のエドモンド・モレル（1840～1871）。近代的治水計画の指導者のオランダ人のファン・ドールン（1837～1906）やデ・レーケ（1842～1913）など。そして、英国人鉱山技師で地球物理学、地震学者で我が国の地震学の基礎を確立した**ジョン・ミルン**（1850～1913）など、明治政府の招きで来日し、当時の最先端科学技術の指導・育成がおこなわれ、近代化推進の原動力となった。

　一方、西欧の先進技術を学ぶため、1875年（M8）に**古市公威**（1854～1934）は、我が国で最初の文部省留学生としてフランスに派遣される。エコール・サントラル、パリ大学理科大学で学び、1880年（M13）に帰国し、内務省土木局に勤務する。日本の工学教育、土木行政の中心的な人物となり、のちにお雇い外国人からの技術的独立をなし、新たな土木行政が展開された。また、古市のあとを追うように、その1年後には**沖野忠雄**（1854～1921）が第2回文部省留学生としてフランスに派遣される。エコール・サントラル大学卒業、パリで実地研究のあと、1881

年（M14）に帰国し、東京職工学校（東京工業大学の前身）勤務を経て内務省土木局に勤務した。近代治水・港湾技術の統括者となり、大型機械化施工での多くの新工法の導入や全国の主要河川の長期的な治水計画の立案に尽力した。

地震学会の創設

　公益社団法人日本地震学会は、現在 1800 余名の会員をようする地球科学系の学術団体である。その目的は「地震学に関する学理及び内外の関連学会との連携を行うことにより、地震学の進歩・普及を図り、もってわが国の学術の発展に寄与する」とある。構成員は、地震学、固体惑星地球物理学、地震工学、地質学など周辺分野の研究者・教育者・技術者など。

　地震学会は 1880 年（M13）3 月 11 日に設立された長い歴史をもつ。世界で最初の地震学会の誕生であった。3 月 11 日に東京帝国大学において東京と横浜の在住者が駆けつけた会合において創立される。会長に工部卿の**山尾庸三**（1837〜1917）、副会長にジョン・ミルン（1850〜1913）が選出された。山尾庸三は、英国のアンダーソン・カレッジに留学。1873 年（M6）岩倉使節団がロンドンに滞在中、工学寮工学校（後の工部大学校、帝国大学工科大学、東京帝国大学の前身）の教師の人選に尽力している。近代日本の技術教育発展のために輝かしい足跡を残した人物である。

　同年 4 月 26 日、会員が開成学校の講義室での会合で、会長に選出された山尾庸三が公務多忙を理由に会長就任を辞退する書簡が承認された。副会長のジョン・ミルンと東京帝国大学法学部総理補の**服部一三**（1851〜1929）の二人のあいだでの投票となり、服部一三が会長が選出され就任した。同会合で会長職に推薦されたジョン・ミルンは、「私は副会長の席を占めているので、もし私が会長になれば、新たな副会長の選挙

が必要となる」と発言したとの記録が残っている。新たな学会設立は、人選を含めて難産な状況が読みとれる。

　それから遅れること34年後の1914年（T3）、土木学会が設立される。初代会長に古市公威が選出された。会長就任の基調講演で、

　　　　「余ハ極端ナル専門分業ニ反対スル者ナリ。専門分業ノ文字ニ束
　　　縛セラレ萎縮スル如キハ大ニ戒ムヘキコトナリ
　　　　　以下、中略
　　　所謂将ニ将タル人ヲ要スル場合ハ土木ニ於テ最多シトス
　　　土木ノ技師ハ他ノ専門ノ技師ヲ使用スル能力ヲ有セサルヘカラス
と、文明の進歩にともない専門分業、いわゆるスペシャリゼーションの必要を感ずるのは、一般の法則である。しかし専門分業の文字に束縛せられ、萎縮する如きは、大いに戒むべきことなり、と総合自然科学技術としての土木工学の原点について格調高い理念を講演されている。

　時代はくだり、1892年（M25）年、「震災予防調査会」の設置によって「地震学会」は解散された。さらに、「地震学会」は1929年（S4）、**今村明恒**（1870〜1948）によって再設立され、会長に就任する。これが現在の地震学会につづく。1993年（H5）年、**日本地震学会**と改称し、現在にいたっている。

地震波の観測

　樺太から日本列島に沿う環太平洋地震帯、日本海東縁変動帯など、地震多発地帯が帯状に連なっている。現在も地殻変動は継続しており、日本列島は地震活動が活発な地域である。

　我が国の地震波の観測の歴史は明治時代初期にはじまる。記録に残るものとして、1872年（M5）にオランダ製のフルベッキ、ドイツ製のクニピングの振り子による地震波の観測であった。

　同年（M5）2月6日、石見・出雲地方でM7.1の「浜田地震」が発

生している。1 週間ほど前から鳴動し、当日には前震あった。被害は全体で全潰 5000 戸、死者 550 名。特に石見東部で被害が多かった。海岸沿いに数尺の隆起・沈降がみられ、少津波があった。

1877 年（M10）5 月 10 日にはチリのイキケ沖の地震による津波が太平洋沿岸まで到達し、房総半島で死者があった。

1880 年（M13）は我が国の地震研究の出発点であったといわれる。同年 2 月 22 日、M5.5〜6.0 の**横浜地震**が発生した。横浜で煙突の倒潰・破損が多く、家屋の壁が崩れ落ちるなど被害があった。東京の被害は横浜よりも軽度。準備期間はあったものの、この地震が大きな契機となって「地震学会」が創立された。

同年（M13）には米国ユーイング社の近代的機械式地震計による観測が開始された。地震計の開発も精力的に取りくまれ、考案・製作された。それによって観測された地震波形の解析や解釈、震害調査が精力的に進められた。水平振子を基本構造とする大森式の水平動地震計で変位を観測記録。石本式の不動点を利用して中立の釣合い錘により直接加速度を測定する装置など。

1884 年（M17）から東京気象台では、全国から地震報告の収集が開始され、我が国初の 4 階級の震度階の指標を制定した。10 月 15 日には東京付近で大きな揺れがあった。多数の煙突が倒れ、煉瓦造りの壁に亀裂がはいり、柱時計の 70〜80% がとまるなど、震害調査がおこなわれている。

この時期、地震学で新たな知見として、イギリス人の**レイリー**（1842〜1919）が表面波の一つであるレイリー波（Rayleigh Wave）の理論が提唱される。震源から地球内部を伝搬する P 波、S 波の実体波のほかに、P 波と S 波との干渉により生ずる地表付近を伝搬する表面波のレイリー波である。

震災予防調査会

　1891 年（M24）10 月 28 日、我が国で内陸型地震としては最大の M8.0 の地震が発生した。**濃尾地震**である。震源は 35.6° N 136.6° E の岐阜県から愛知県にかけて浅いところで発生した横ずれ型の内陸型大地震。濃尾断層帯および岐阜――一宮断層が活動した。この地震の前震は、本震 12 日前の 10 月 16 日に 1 回、3 日前の 10 月 25 日に 4 回記録されている。余震の数は非常におおく、本震 4 時間後と 2 日後に発生した M6.0 で、本震にくらべてかなり小さい。翌年（M25）1 月 3 日、9 月 7 日、1894 年（M27）の余震でも家屋損壊の被害があった。仙台以南の全国各地で地震を感じた。

　岐阜県・愛知県・滋賀県東部で震度 6、根尾川、揖斐川上流など震源域の近くで震度 7 相当の揺れがあった。建物全潰 142177 戸、半潰 80324 戸、死者 7273 人、負傷者 17175 人、山崩れ 10224 カ所など、1923 年（T12）の「関東地震」（関東大震災）に匹敵する被災であった。岐阜県では根尾谷で被害が甚大で家屋は 100% 倒潰。名古屋市では煉瓦造りの名古屋郵便電話局は瞬時に崩れ落ちた。同じ煉瓦造りの尾張紡績工場の崩壊では作業員 430 人中 38 人が死亡し、114 人が負傷。東海道線の長良川鉄橋は橋脚間 5 スパンのうち 3 スパンが落橋した。各地で火災が発生し岐阜・大垣・笠松・竹鼻など合わせて 4000 戸以上が被災する大火となった。この地震により、根尾谷では北北西―南南東方向に約 80km にわたる大断層が出現し、上下方向のずれは西側が最大約 6m 隆起し、水平方向は横ずれ最大約 8m であった。**田中館愛橘**（1856〜1952）がいち早く現地におもむき地磁気変化の調査や、この断層を紹介した。

　断層がずれたことが今だに語りぐさになっているのは、1930 年（S5）11 月 26 日に発生した M7.0 の**北伊豆地震**。当時工事中であった丹那ト

ンネルの丹那断層が横にずれた。丹那トンネルは延長7.8kmで東海道本線の熱海と函南の間にある複断面鉄道トンネル。当初1918年（T7）から1924年（T13）の7カ年で完成する予定であった。トンネルは断層帯を横切るかたちで掘り進んでいたが、地盤が著しく乱れている破砕帯などがあり、落盤や湧水などで工事は難航を極めた。16カ年の歳月をかけ1933年（S8）に完成した。「北伊豆地震」のとき、三島口から3.6kmに位置する丹那断層がトンネル部で2.4mのに左ずれて、坑道に食い違いがおこり、工事のやり直しを余儀なくされた。断層部の変位の最大は、横ずれ3.5m、縦ずれの上下方向の食い違いが2.4mであった。このため、食い違いを修正するためトンネル内に緩和曲線区間を設けて線形改良して段差を解消した。

　この濃尾地震の被災は、明治政府に大きな衝撃を与える出来事であった。東京帝国大学理科大学教授であり貴族院議員でもあった**菊池大麓**（1885～1917）は帝国議会に対して、地震の予防はできないが、地震被害を最小限にくいとめるための研究機関の設置の必要性を建議した。1892年（M25）、明治政府はこの建議の重要性を認識し、震災予防調査官制で震災予防の調査研究の実施を目的として「震災予防に関する事項を攻究し、其施行法を審議する」ことを目的に、勅令により**震災予防調査会**が設立された。

　この地震の被災で、建物の揺れと倒潰について地震力をどのように評価して耐震性を確保して安全な構造物を構築するのか、大問題であった。

　調査会は、工科大学、中央気象台、内務省土木局、農商務省などで構成される学際的調査研究団体。調査会委員として11名が任命され、理科大学の菊池大麓（1855～1917）、田中館愛橘（1856～1952）、長岡半太郎（1865～1950）、大学を終えたばかりの**大森房吉**（1868～1923）らが名をつらね、調査事業嘱託としてジョン・ミルンも加わっている。地球物理学、地磁気学、地質学、土木・建築学など幅広い視野で、地震・津波などの被災記録の収集、観測や解析、構造物の耐震や災害防止対策

などの調査研究について政府に提言していこうというものであった。

　この間、我が国をはじめとして諸外国でも地震学は、地震波の観測や解析、耐震論などで飛躍的に進展した。

　1899年（M32）、大森房吉は初期微動継続時間と震源距離の関係を解明。1911年（M44）、米国人のリード（1859〜1944）は、地震の発生に関する弾性反発説を提唱。同年（M44）、イギリス人のラブ（1786〜1830）は、地震波の伝搬方向と垂直な方向に震動する地表表面を伝搬するラブ波（Love Wave）理論を提唱。1917年（T6）、京都帝国大学理科大学に地球物理学科を開設した**志田順**（1876〜1936）は、地震波初動の四象限の押し出し分布を発見した。

　土木建築の構造物の耐震論は、画期的な論文が発表された。1916〜17年（T5〜6）、**佐野利器**は『家屋耐震構造論上篇・下篇』を震災予防調査会報告に掲載。この論文で地震の作用力をあらわすのに**震度の概念**を提唱。1920年（T9）、**物部長穂**は『載荷せる構造物の震動並に其の耐震性に就いて』を土木学会誌の掲載。構造物の震動と耐震理論を発表。これらの論文は、現在の**耐震設計**の根幹、原点となっている。

　1923年（T12）9月1日、関東一円は夜明け前から南風をともなう激しい雨が降りつづいていたが、午前10時ころには降りやんだ。雨あがりのあと残暑の蒸し暑い夏の日盛りであった。前日、九州西岸にあった台風が当日の朝には能登半島付近まで北上し、朝から10m/secの強風が吹いていた。正午少し前、正確には午前11時58分44秒、35.3°N139.1Eを震源とするM7.9の地震が関東南部を襲った。相模湾から房総半島先端部のフィリピン海プレートの沈みこみにともなうプレート間巨大地震。初期微動が2.4sec、主要動は非常に長くつづいた。**関東地震（関東大震災）**である。

　地震は、はじめはごくありふれた普通の揺れであったが、次第に強くなり、外に飛びだした人びとは激しい揺れに立っていられないほどだった。東京で観測された最大振幅は14〜20cm程度と大きい。関東南部の

広い範囲で震度6が記録され、相模湾沿岸や房総半島南端では現在の震度7相当の揺れであった。

揺れによる被害が最も激しかったのは神奈川県小田原市付近で木造家屋の全壊率は50%をこえ、東京市内でも家屋被害率は約11%、特に隅田川以東で全半壊がおおかった。鉄筋コンクリート造の被害率は約8.5%、煉瓦造で85%、石造で83.5%。浅草の「十二階」（高さ52m）が8階の床上から折れ崩れたのは有名な被災として知られている。

ちょうど昼の炊事したくどきを襲った地震は、一瞬のうちに木造家屋を倒壊させた。このため、東京だけでも火事の火元は187カ所にもおよび、おりからの強い南風にあおられ、58もの火流となって毎時800mものはやさで町は火の海と化してなめつくされていった。特に、東京下町は悲惨をきわまりない状況。東京市全体で、火災による焼失戸数は当時の総戸数の70%強にあたる。この地震による死者・行方不明者は従来は142000名とされていた。最近の研究では重複カウントがあり、全体105000名といわれている死者をだしている。

関東地震（関東大震災）で未曾有の甚大な被災に見舞われた。にもかかわらず、震災予防調査会として、被害を最小限にくいとめるために有効な対策がうちだせなかったとする反省から、抜本的な転換にせまられた。

関東地震の被災調査終了を機に、専門の研究所設置を求める声がたかまり、1925年（T14）の**震災予防評議会**の設置とともに「**震災予防調査会**」は廃止された。

地震研究所

この関東地震を契機に、政府は地震対策をより充実させるため、震災予防調査会の調査研究方法を見直す必要にせまられた。物理学者の**寺田寅彦**（1878〜1935）らが中心となって、地震をもっと物理学的・理論

的に研究する必要があるとの理念から、政府に積極的に働きかけた。その結果、1923年（T12）**震災予防評議会**の設置とともに震災予防調査会は廃止される。

　同年（T12）研究機関として、東京帝国大学に**地震研究所**が新たに設立されることになる。発足後の地震研究所の所員は、地震学をはじめ、地質学、土木・建築工学、船舶の震動論や音響学の波動論を専門する若手研究者など、従来までなかった方法で地震の研究をおこなう体制が確立された。日本の地震学に新しい局面を開く組織として出発する。地震学で功績のある重鎮の田中館愛橘や長岡半太郎らも研究所の出入りして、新進気鋭の若手研究者の育成・指導のバックアップをしている。

　この時期以降から、地震学は飛躍的に大きな進展をとげている。主だった三件について紹介したい。

　1935年（S10）、リヒターは地震の大きさを示す一つの指標として、マグニチュードMの概念を地震学に導入することを提唱。マグニチュードは、地震波観測記録紙の震幅を常用対数を用いるシンプルなもので、その後のさまざまな定義の基準となった。

　1966年（S41）、東大地震研究所の安芸敬一（1930〜）は、地震エネルギーを物理現象としてとらえ、地震モーメントを提唱した。弾性論と地震断層の考え方をむすびつけ、地震が断層運動であることが科学的に実証された。

　1977年（S52）、金森博雄（1936〜）は、モーメントマグニチュード理論を提唱した。地震エネルギーは岩盤の変形が元に戻るときに出すエネルギーを地震モーメントの概念として、地震波エネルギーから大地震でも地震規模をより正確にあらわすようにしようという理論。

　現在、我が国の地震研究機関として、世界をリードする各分野の研究者が最先端の調査研究をおこなっている。

寺田寅彦

寺田寅彦は 1878 年（M11）11 月 28 日東京で誕生。父の転任で少年時代を高知で過ごす。熊本の第五高等学校に入学。そこで、**夏目漱石**（1876～1916）に英語を、**田丸卓郎**（1872～1932）に数学と物理を学んだ。その後、東京帝国大学物理学科に入学。1903 年（M36）に卒業し、さらに大学院に進む。1909 年（M42）にドイツへ留学し、地球物理学と気象学を研究し、2 年後に帰国。1916 年（T5）母校の教授となり、のちの航空研究所員、地震研究所員を兼務、また理化学研究所の研究員となって寺田研究室を主宰した。研究分野は地球物理学や実験物理学など多岐にわたる。

第五高等学校時代、夏目漱石から俳句の手ほどきをうける。明治時代末ごろには籔柑子の名で『ほととぎす』に写生文を発表し注目をあつめる。大正時代中ごろから吉村冬彦の筆名で数多くの随筆を発表している。これらの随筆は、多角的な題材、すぐれた着想、鋭い観察、あふれるユーモアとペーソス、そして独特の味わいをもち、暖かい人間味をにじませる文体で、数多くの名作を残している。

地震研究所の設立に尽力し、その活動の中心人物。基礎的な研究を重視し、地震学や地球物理学、地磁気学、工学などの分野で、その成果は世界が認める高い水準のもので、耐震学の分野でも世界の注目をあつめていた人物である。

1933 年（S8）3 月 3 日午前 2 時 31 分、M8.1、震源の深さ 0km の巨大地震が三陸沿岸を襲った。日本海溝付近で発生した正断層型巨大地震で**昭和三陸沖地震**と呼ばれ最大震度 5 が観測された。本震の 3 時間後には M6.8 の最大余震があった。

地震の揺れは 1896 年（M29）6 月 15 日に発生した「明治三陸地震津波」より強かったが、震害は少なく壁の亀裂や崖崩れ程度。地震発生後、

30 分〜1 時間のあいだに津波が北海道から三陸沿岸を襲った。

津波の高さは、岩手県三陸町綾里で 28.1m、田老村で 10.1m、ハワイ島のコナで 3m、カリフォルニアで 10㎝を記録している。この津波で死者・行方不明者は 3064 人、家屋流出 4034 戸、倒潰家屋 1817 戸、浸水家屋 4018 戸と甚大な被害。田老村では、人口 1798 人のうち 763 人が死亡、戸数 362 戸のうち 358 戸が流失した。

昭和三陸沖地震直後の 1933 年（S8）5 月、寺田寅彦全集のなかに『津波と人間』と題する随筆で次のように論述している。その要旨は

1）津波などの被害は、繰り返されてもなお防げない人間的自然現象である

2）津波直後に実施された防災対策もやがて忘れ去られ、そのまま次の災害が襲ってくる

3）法令によってさまざまな規制を策定しても、日々の不便さでやがて改正・緩和されて骨抜きとなる

4）災害記念碑や慰霊碑が建立されたも、やがて管理がおろそかになり、邪魔にされて移設されてしまい、人びとの記憶から忘れ去られてしまう

5）近代科学を盲信し、歴史的な記録を尊重しないとしっぺ返しに会う。これは全国のひとたちが肝に銘ずるべきである

6）学校教育で災害の科学的知識を授けることこそが肝要であるとしている。「災害は忘れたころにやってくる」の名言でも広く知られている。現在にも通用する教訓的な内容で、我々将来世代への意味深いメッセージを秘めている。

1923 年（T12）9 月 1 日の**関東地震**ついて『震災日記』では次のように述べている。その要旨は

朝はしけ模様で時々雨が襲って来た。非常な強度で降っていると思うと、まるで絶ち切ったようにぱったりとやむ、そうかと思うとまた急に降りだす実に珍しい断続的な降り方であった。

以下、略。（上野二科展の招待の見学の帰り、喫茶店で婦人
　　肖像画のモデルの夫からの撤収の相談にのっていた）
急激な地震を感じた。椅子に腰かけている両足のうらを下から小
槌で急激に乱打するように感じた。たぶんそのまえに来たはずの
弱い初期微動を気づかずに直ちに主要動を感じたのだろうという
気がして、それにしても妙に短周期の振動だと思っているいちに
いよいよほんとうの主要動が急激に襲って来た。同時に、これは
自分の全く経験のない異常な大地震であることを知った。

　　以下、中略（1857年の土佐の安政地震を母から聞いたこと、
　　地震の恐怖を幼少時の感じた記憶などを記している）
仰向いて会場の四五秒ほどと思われる長い周期でみしみしと音を
立ててながらゆるやかに揺れていた。これを見たときこれならこ
の建物は大丈夫だということが直感されたので恐ろしいという感
じはすぐになくなってしまった。そうして、この珍しい強震の振
動の経過をできるだけくわしく観察しようと思って骨を折ってい
た。
主要動が始まってびっくりしてから数秒後に一時振動が衰え、こ
のぶんではたいした事もないと思うところにもう一度急激な、最
初のもました激しい波が来て、二度にびっくりさせられたが、そ
れから次第に減衰して長周期の波ばかりになった。
　寺田寅彦は物理学者で自らを「科学者にとって唯一文学形式」と、随
筆で、新しい分野を拓き俳人としても知られている。『天災と国防』な
どの代表作品がある。
　1935年（S10）12月31日、57歳で没する。
　地震研究所で一緒に研究活動していた**物部長穂**（1888〜1941）は、
年が明けて麹町区駒込曙町の自宅へ弔問に訪れた。学術で大成した先生
であったにもかかわらず、極めて質素な住居で暮らし、そのおくゆかし
さが感じられた、と述懐している。

寺田寅彦は 1878 年（M11）11 月 28 日～1935 年（S10）12 月 31 日、57 歳で没。物部長穂は 1888 年（M21）7 月 19 日～1941 年（S16）9 月 9 日、53 歳没。10 年先輩の寺田寅彦と物部長穂の歩んだ人生は、重なるところがあるような気がする。

物部長穂については、第Ⅳの震度法の考案で、どのような着想により耐震論が展開されていったのか、第Ⅴ章では、その生涯や耐震研究の内容や軌跡について詳しく紹介する。

地震調査研究推進本部

現在の我が国での地震調査研究組織や活動状況、主要課題などについてふれておきたい。

1974 年（S49）11 月、科学技術庁を中心とした地震予知関係省庁による**地震予知研究推進本部**が設置される。1976 年（S51）10 月 29 日、東海地震の発生を危惧した内閣は、科学技術庁に**地震予知推進本部**が設置され、地震予知研究推進本部は廃止された。

1995 年（H7）の阪神・淡路大震災の教訓から「地震に関する調査研究の成果が国民や防災を担当する機関に十分に伝達され、活用される体制になっていなかった」という反省があった。このため、改善措置として我が国の地震調査研究を一元的に推進するため、地震防災対策特別措置法にもとづき、政府の特別機関として 1995 年 7 月 18 日に**地震調査研究推進本部**が総理府の下部機関として設置された。これにともない、地震予知推進本部は 1995 年 7 月 17 日付けで廃止。2001 年（H13）1 月 6 日、中央省庁再編で、地震調査研究推進本部は総理府から文部科学省に移管された。

これまで、主要活断層で発生する地震や海溝型地震の長期的な発生可能性（場所、規模、発生確率）の評価や強震動予測（特定の地震がおきたときの揺れの強さを予測）、それらを統合した全国地震動予測地図の

作成等を実施するとともに、世界に類をみない陸域の高密度で、かつ均質な地震観測網の整備や緊急地震速報の技術開発等を推進してきた。

　同本部の基本的な目標は、「防災対策の強化、特に地震による被害の軽減に資する地震調査研究の推進」としている。

　連携する主な機関として内閣府の**中央防災会議**、文部科学省の**科学技術・学術審議会測地学分科会**、国土地理院の**地震予知連絡会**、気象庁の**地震防災対策強化地域判定会**などがある。

　推進本部長は文部科学大臣がつとめる。総合政策、調査観測計画を所掌する政策委員会には、総合部会、調査観測計画部会を設置。調査観測データや研究成果を所掌する地震調査委員会には、長期評価部会、強震動評価部会、津波評価部会が設置されている。

Ⅳ. 震度法の考案

地震による被災と耐震論

　我が国の地震学に関する調査研究は、明治初期に政府の招きで来日した西欧人の専門家の指導によってスタートした。イギリス人の地震学、地球物理学者のジョン・ミルン（1850〜1913）などによって初期の地震観測がはじめられ、震害調査も本格的に実施された。

　1880年（M13）2月、M5.5〜6.0の**横浜地震**では、横浜で煙突の倒潰や破損が多く、家屋の壁が剥がれ落ちる被害が発生した。

　1894年（M27）6月、M7.0の**明治東京地震**では東京付近で大きな揺れがあり、多数の煙突が倒れ、煉瓦造りや石造りの壁に亀裂がはいる。神田・本所・深川で全半潰の家屋が多く、柱時計の70〜80%が止まった、という記録が残っている。

　1890年代（M23）から地震観測が本格的にはじまっている。1891年（M24）10月、M8.0、我が国で内陸地震としては最大の**濃尾地震**が発生。岐阜県の根尾谷で被害が甚大で家屋は100%倒潰。名古屋郵便電話局は煉瓦造り建物が瞬時に崩壊。同じ煉瓦造りの尾張紡績工場でも崩れ落ちた。東海道線の長良川鉄橋は大半が落橋。各地で火災が発生し岐阜・大垣・笠松・竹鼻などあわせて4000戸以上が被災する大火となった。

　1896年（M29）年6月、M8.2、最大震度4（推定）の「明治三陸地震津波 」が発生。揺れは小さかった。「津波地震」である。巨大津波が三陸沿岸を中心に襲い、岩手県綾里村では38.2mを記録し、死者総数

21959 名が犠牲となった。

　同年（M29）8 月、M7.2 の**陸羽地震**が発生。横手盆地東縁断層帯の活動にともなう内陸型地震。秋田県東部の仙北郡・平鹿郡を中心に、震源付近では震度 7 程度の揺れがあり、家屋の全潰 5792 戸、死者 209 名。この地震で長さ 50km の千屋断層が出現し、東側が最大 3.5m 隆起した。

　1906 年（M39）、米国サンフランシスコで大地震が発生。我が国の地震研究者で組織された「震災予防調査会」のメンバーが現地調査団として派遣される。その一員に建築構造学を専門とする**佐野利器**（1880〜1956）も加わって同地に 1 カ月滞在した。被災調査結果から、鉄骨構造物は一般的に耐震的であり、鉄筋コンクリート造りで剛節（ラーメン）構造として設計されたものは耐震的であり、かつ耐火性にも優れていることが明らかとなった。佐野利器は、山形県西置賜郡荒砥村に生まれる。1900 年（M33）に東京帝国大学工科大学建築学科に入学。1910 年（M43）ドイツに留学し、西欧各国の現場や大学を視察し 1914 年（T3）に帰国する。『家屋耐震構造論』をまとめ、1915 年（T4）に工学博士の学位が授与され、1918 年（T7）に東京帝国大学の教授を歴任する。のちに、日本大学高等工学校の設立に尽力し初代校長を勤め、私学教育の発展に貢献したことでも広く知られている。

　地震動の揺れと建築物被害の関係が次第に明らかとなる。大森房吉（1868〜1923）は、濃尾地震と陸羽地震の発生直後、木造家屋の倒潰と観測された地震波解析をおこなう。加速度の大きさと家屋の被災率の関係を見いだした。

　明治から大正時代、西欧文明をとりいれた象徴の一つとして、西欧風の煉瓦造りのモダンな建築物や塔状構造物の煙突などが多数見られるようになる。煉瓦造りの窯業は、レンガ製造の燃焼用の大きな窯と排気用の高い煙突の構造物が各地で建設されている。

　大きな地震動のとき、建築構造物では、煉瓦造りや石造りの構造物は壊滅的被害を受けて耐震性が極端に劣ることが明らかとなる。木造家屋

の倒潰で大規模な火災が発生する。被害状況も地盤種別で異なり、地盤のやわらかい沖積層など軟弱地盤で多い。土木構造物では、斜面や石垣の崩壊、細長い橋脚などで落橋したり、擁壁などの構造物が転倒する。地震による津波被害も甚大である。

　地震の動的な揺れに対して、構造物に作用する水平力をどのように評価して安全な構造物をつくるのか、どのように考えなければならないのか。当時、未解明な分野で、耐震設計のうえで大きな課題であった。

震度の定義

　1916 年（T5）〜17 年（T6）、佐野利器は『家屋耐震構造論上篇・下篇』を震災予防調査会報告に発表し、地震の作用力を表すファクターとして**震度**の概念を提唱した。

　柱状体の構造物を転倒させるための必要な横力の大きさを重力に対する比率で示したもので、k を「震度」と称した。

$$k = \frac{F}{W} = \frac{m\alpha}{mg} = \frac{b}{h} \qquad (\text{式 4.1})$$

　ここで、m は構造物の重量で W=mg の鉛直力、F は構造物に作用する水平力で F=mα、g は重力加速度、αは水平加速度、b は構造物の幅、h は構造物の高さ。地震で転倒する構造物の幅 b と高さ h の比率で求め、その最大のもので地震の強さをあらわすこととした。

　重心に作用する水平力と鉛直力の比が幅と高さとの比幅 b/h が等しいとき、合成力が底辺を過ぎることで転倒すると仮定すれば、比幅は直接水平力と鉛直力の比が震度となる。転倒する構造物の最大比幅が最大震度をあらわすこととなる。

　同構造論では、建物の設計に際しては震度 0.1 を考慮すべきこと、そうすれば材料安全率 3 によって震度 0.3 の地震まで耐え得ることができ

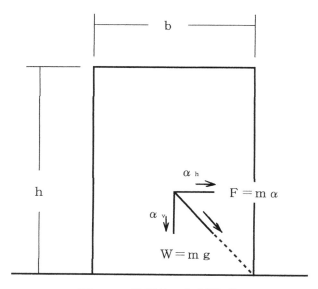

図 -4.1　柱状体の転倒模式

る。さらに、過去の大地震における震度はおおむね 0.5 以下と推定できることなどを論述している。このように、地震力に対する各種構造物の耐震設計について、置き換えられた地震力に抵抗させるためには水平抵抗力の大きい剛な構造となるようにすすめている。

　これは、世界ではじめての**耐震構造論**であり、その実用性から、以来、今日まで耐震設計法の基本的理念とされている。

合震度の着眼点

　佐野利器が地震力を「震度」という概念で、水平力と鉛直力の比や幅と高さの比で構造物の転倒から耐震構造について論じた。

　1920 年（T9）、**物部長穂**（1888〜1941）は『構造物ノ振動並ニ其ノ耐震性ニ就テ』の論文を土木学会誌第 6 巻第 4 号に発表。この論文は、高い評価を受け第 1 回土木学会賞を受賞した。また、1925 年（T14）

に『構造物ノ振動殊ニ其ノ耐震性ノ研究』を発表。同論文は「地震学上先人未踏ノ地域ヲ開発セシモノ」と高く評価され、第 15 回帝国学士院から恩賜賞が授与される。さらに、耐震論の集大成として 1933 年（S8）、『土木耐震学』が常盤書房から公刊された。

物部長穂は、地震時の構造物の安定性については、転倒のほか、滑動、回転についても考慮しなければならないと、佐野利器の「震度」の概念を発展させて論じている。この中で、地震力は、水平・鉛直の両方向の加速度を考慮しなければならないとし、地震の破壊力の尺度として**合震度 K** という概念を提唱し、震度推定法の理論を展開した。地震力には水平成分の加速度のほか、上下方向の鉛直成分もあり、これらを合成して考える必要がある。これが合震度の概念である。佐野利器は最大水平加速度と重力加速度のと比 α_h/g を震度とした。合震度 K と加速度の関係は式 4.2 のとおりとなる。

$$K_h = \frac{\alpha_h}{g} \qquad K = \frac{\alpha_h}{g \pm \alpha_v} \qquad (式\ 4.2)$$

ここで、α_h は最大水平加速度、α_v は最大鉛直加速度である。また、地震の際、構造物は水平力が作用すると底面において滑動しようとする。**滑動**に抵抗する力は底面と地盤の摩擦力である。摩擦抵抗のみが作用する場合は、構造物は比幅が大きい場合は**転倒**しにくいが、ある程度の大きさになると転倒せずに滑動する。

底面の摩擦力は構造物に作用する下方鉛直力に接触面の摩擦係数 f を乗じたものに等しい。釣り合いの方程式から

$$k_h W = f (1 \pm k_v) W \qquad \therefore f = \frac{k_h}{1 \pm k_v} \qquad (式\ 4.3)$$

となる。つまり、摩擦係数 f が k_h ／（$1 \pm k_v$）、合震度より小さくなる構造物は滑動しにくく、鉛直震度の小なるときは容易に滑動をおこす。

言いかえれば、b/h<f のときは転倒し、b/h>f の時は滑動しやすい。構造物の**回転**についても、墓石、書籍箱、鏡槺、錘槺卓子等の基礎面上の廻轉現象から論じている。

当時、地震発生地域での最大加速度を正確に知るほどの地震計は配置されていない。既設構造物の転倒、滑動、損傷などは震度または最大加速度より推定するもので、震度推定として家屋の被災は、地方により建築工法が伝統的に異なり一様でない。新旧家屋や筋交いの有無などによっても耐震性は大きく異なる。

そのため

1) いたるところで存在する

2) 単純な柱状体のようなもので地震動に対して単純な挙動を示す

3) 種々の寸法を有し、小さな地震から大きな地震まで推定できる

の観点から「墓石」に着眼した。我が国の墓石は全国各地に極めて一様に多数存在する。その形状は多くは矩形で、その高さは幅の 2～5 倍である。このため、大地震の推定に極めて便利である。

そして、**墓石**に着眼したが注意点は

1) 墓石は埋め戻しの土のうえに設置されているため不等沈下等が生じやすく、支持面が小さいときは周囲の地山より転倒しやすく、過大評価となる。

2) 震度が比幅に等しいとき、傾斜しようとする状態にあるが、転倒するには一層大きな震度が相当時間継続する必要がある。転倒墓石の比幅は最大震度より著しく小さい。しかし、1) 及び 2) は誤差を消しあう性質がある。

3) 地震動の方向によって転倒に難易がある。

4) 墓石の底幅は慣例と体裁上、高さの 25% から 40% が一般的である。45% をこえることは稀有であり、その転倒によって 0.25 以下または 0.45 以上の震度は推定できない。

5) 比幅は震度または合震度を示すが、著しい上下動をともなう場合、

　　　　水平、上下の加速度を個別に知ることはできない。

としている。

　そこで、地震時の加速度と家屋の被災率と墓石の転倒、合震度との関係を解析し、**設計震度**を論じた。具体的には 1891 年（M24）の「濃尾地震」、1896 年（M29）の「陸羽地震」、1914 年（T3）の「強首地震」での震度と家屋倒潰との関係や地震波の周期、合震度 K の k_h と k_v の関係、家屋倒潰率と合震度の関係、家屋倒潰率と墓石の転倒のデータで解析した。

　これらによれば、日本各家屋の耐震力を数字的には評価できない。従来の大地震において調査された墓石による合震度 K と家屋倒壊率の関係では、濃尾地震で K ≒ 0.4、仙北地震で 0.47、関東地震で 0.45〜0.5 であるとしている。

　なお、物部長穂は地震時の震動解析で、発表論文の経緯からみると細長い塔状構造体の煙突の着目していたようだ。煙突の自由振動と強制振動からアプローチしようとしたが、構造体の材質により振動特性や倒壊の仕方が極端にことなるため、シンプルな矩体構造である墓石を選定したと推察される。

耐震設計で使用すべき設計震度

　物部長穂の著『土木耐震学』では、耐震設計に際しての**設計震度**を次のように提案している。

　　　　土木工事の多くは、其使命殆んど永久的にして、少なくも數十年、
　　　　時として數百年の耐久を全うしなければならぬ。従て工作物の壽
　　　　命中必ず大地震の襲来を豫期せねばならぬ。然し總ての工作物に
　　　　最大地震に抵抗し得る強度を與ふるは、經濟上極めて困難なるを
　　　　以て夫等の使命に依り二種に區分する。

表 -4.1 耐震設計で使用すべき設計震度

地　方	従来屢々大地震ありし地方		大地震の殆どなかりし地方	
地　質	沖積層	硬地盤	沖積層	硬地盤
（a）	$0.25 \sim 0.30$	$0.10 \sim 0.15$	$0.10 \sim 0.15$	0.10
（b）	0.15	0.075	0.075	0.05

（a）公共的工作物にして其破壊に因り公共に重大なる危険を及ぼすもの、家屋等の如く直接人命に係はるもの等は、其地方に於て将来豫期せねばならぬ最強の地震例へば $0.10 \sim 0.3$ 以上の震度に抵抗せしめねばならぬ。

（b）震害が単に経済的損失に過ぎざるもの、公共的工作物にても人命に関係なく容易に應急の修理を爲し得るもの、又は假工事の如きものは（a）の 1/2 程度の地震に耐え得れば充分である。

地震帯は地殻構造の比較的弱點を示すものなれば、之に近き地方は將來も強大なる地震を豫期せざるべからず、且つ沖積地は附近の良地盤に比し、震度著しく高きを常とするを以て是等を適当に考慮し、土木の耐震の使用すべき震度の私案を表示する。

とある。これを表 -4.1 に示す。

　大きな地震動により土木・建築構造物の多くが被災をうけた。地震波の観測と解析、その被災状況調査から墓石の転倒をファクターとして、家屋倒壊率と合震度の関係から設計震度を導きだした。耐震設計にあたっては、地震動の水平力をどの程度見積もれば構造物の安全性を確保できるのか、設計条件の基本事項であるが、それまでは確立されていなかった。物部長穂によって、構造物の耐震設計で使用すべき設計震度が提案されたのである。

地震時の動的な水平力を等価な静的な横力として置きかえる。構造物の鉛直力に設計震度を乗じたものを静的水平力として与えることにより、安全性は確保できる。その際、地盤条件、地震の生起頻度の大小、構造物の重要度を総合的に考慮しなければならない、としている。

　この耐震理論は、現在の「河川管理施設等構造令」や最新の「河川構造物の耐震性能照査指針・解説」など細分化されてはいるが、その基本理念は現在まで変わることなく脈々と継承されている。

　物部長穂の生涯と耐震研究の軌跡については、第Ⅴ章の土木工学の耐震研究のなかで詳述した。

V．土木工学の耐震研究

土木試験所の設立

　土木工学の分野で、耐震技術の調査研究は**内務省土木試験所**が中心に組織的に進められた。

　明治以降、河川・港湾・道路などの社会資本整備としての土木事業は、内務省の所管で利根川・淀川・木曽川などの河川工事や、横浜・大阪・神戸などの港湾工事が大規模にすすめられた。明治時代の陸上交通機関は、鉄道に重点がおかれて整備された。大正時代には、我が国でも自動車が次第に普及し、道路整備に対して一般社会の関心も高まってきた。また、第一次世界大戦で道路の果たす役割が軍事的にも大きいことがヨーロッパで実証され、我が国でも道路改築が急務であるという機運が高まった。このような背景から1919年（T8）4月に「道路法」が公布され、我が国の道路改築工事が本格的にはじまった。

　しかし、当時、我が国には道路の築造材料などの試験設備は皆無といっていいほど貧弱であった。これからの道路改築事業を進めるうえで、その設備の必要性が痛感され試験所が設立される。

　1921年（T10）5月、内務省土木局分室のかたちで道路試験所が発足。翌年（T11）9月30日、道路材料試験所に昇格。内務省土木試験所（のちの建設省土木研究所）の発足である。初代所長には**牧彦七**（1837〜1950）が任命される。同氏は外国出張中で、第二代所長に就任する**牧野雅楽之丞**（1883〜1967）が所長代理に任じられた。発足当初は、文

京区本駒込上富士の庁舎の整備や機械類の据え付けなどの諸準備、1923年（T12）に関東一円を襲った関東地震による被害の修復等におわれた。実際に試験が開始されたのは、試験所が発足して1年余が経過した同年（T12）11月1日であった。

　1926年（T15）に**土木試験所岩渕分室**（のちの赤羽支所）に水理試験所が設立される。治水港湾に関する試験研究を開始するため、我が国最初の水理実験施設である。荒川放水路工事でできた川沿いの広い用地で、岩渕水門付近の北区志茂。施設敷地の下流から隅田川となっている。

物部長穂の試験所長勅任

　このように、土木試験所の設立当時の業務は、道路材料の砂利や砂、歴青質材料（アスファルト）などの試験が主であった。道路材料試験所という性格であったが、地質や化学を専門とする技術者も少数であるが従事してる。

　当時、内務省所管の土木事業のなかでも、河川・港湾の占めるウエイトが次第におおきくなってきた。河川改修工事とあわせて洪水調節用の大規模なダム建設が必要であるとか、新たに開削して誕生した荒川に横堤の築造が必要だ、など技術上の課題も山積していた。さらに、関東地震で甚大な被害が発生し、地震災害を未然に防止するための耐震技術に関する調査研究も社会的に強く要請された。道路関係の土木試験所を河川や港湾、水理や耐震関係などを含めた総合的な土木試験所にしよう、とその調査研究業務の範囲が拡大されていくこととなる。

　こうした社会的な要請を受け、構造や耐震、水理関係に明るい**物部長穂**（1888～1941）が第二代牧野雅楽之丞所長のあとを継ぎ、若くして38歳で所長に勅任される。1926年（T15）5月31日のことである。

　勅任とは、内閣が任命して天皇から辞令交付される天皇官吏。この勅任は、当時としては異例の抜擢人事であった。現在もそうであるが、内

務省技師の任官は「トコロ天」式に厳然とした年功序列がまもられていた。決して先輩を追いこす人事異動は考えられない時代である。物部長穂の抜擢について、内務省土木局の技師や試験所職員は 10 年飛ばしの異例の抜擢人事であると驚いた、という。

　所長には、自宅から職場までの送迎用の自動車が配備された。当時はまだ自動車は珍しく超高級なもの。この自動車はシルクハット型のベンツ製で、第一次世界大戦でドイツから接収した戦利品であったという。

　また、毎年開催される宮中行事などで「天皇陛下ノ命ノ奉シ来ル昭和四年一月五日宮中ニ於テ開催サル新年宴會ニ招待ス」と宮内大臣の木暮徳郎より招待状が届き、「午前十一時四十分まで参内のこと」書き添えられている。内務省では、当時、技術官僚は決して高い地位の評価ではなかった。試験所長の要職の度合いは国家的に重要な職務であることが垣間みられる。

　所長在任は、1936 年（S11）11 月 7 日までの 10 年 7 カ月。この期間、発足まもない試験所の基礎固めと充実・発展を図っていった。特に、治水・港湾や津波などに関する水理実験試験所の岩淵分室（のちの建設省土木研究所赤羽支所）の設立や、津波などの耐震工学の基礎的研究の進展に大きな足跡を残した。また、物部長穂は土木試験所長のほか、1926 年（T15）から東京帝国大学土木工学科の教授も兼任し、河川工学の講座を担当し、学生の教育指導にもあたっている。

　内務省への新規採用の面接試験官もつとめ、将来の幹部候補の任官について、専門分野の選択や配属先も含めて決定する人事権も握っていた。

　本格的な耐震関係の調査・研究は、物部長穂が中心となり土木試験所が大きな役割を担ってすすめられた。

物部長穂

1888 年（M21）7 月 19 日、秋田県仙北郡荒川村（現大仙市協和町境）

に鎮座する**唐松神社**宮司・物部長元、寿女の二男として物部長穂は誕生。父親の長元は物部家第六十代にあたる当主で、佐竹藩士西野信一郎の弟。1876年（M9）20歳のときに先代長之の長女寿女に入夫（旧民法で戸主である女性と結婚してその籍にはいることで、現在でいう入り婿）し、1895年（M28）に社司となっている。きょうだいは姉が2人、兄を含めて7男4女。

　唐松神社は、累代由緒ある古い歴史をもつ。物部家に伝承されている『**物部文書**』によれば、祖神である饒速日命は天の鳥船の乗って鳥見山（鳥海山）に天降し、韓服林（現在の協和町境・唐松林）に一時定住。その後、西進し、神武東征前に東国を支配していた。その後、大和物部氏となる。仏教が伝来し、日本古来の神を中心とする国づくりを主張する物部氏と、仏教中心を主張する蘇我氏との崇拝をめぐり、蘇我・物部両氏の崇仏論争となるが敗れて、故知秋田に転任したという。

　荒川村の朝日尋常小学校を卒業すると、兄長久のあとを追って秋田中学校に進み、優秀な成績で1903年（M36）卒業。実家は神社。中学校在学中は、燃え残りの短いロウソクを持ち帰り、夜、そのあかりで勉学に励んだ。仙台第二高等学校を1908年（M41）7月1日に卒業。その後、土木工学者を目指して最高学府の東京帝国大学土木工学科に進む。学生たちは欧米の最先端の土木技術を学ぶため全国から秀才がきそいあって集まっていた。1911年（M44）、首席で卒業し、**恩賜の銀時計**を拝受。当時、各学科首席の成績者は、別途天皇陛下列席のもと卒業式が挙行されたという。

　卒業論文は『信濃川鉄道橋計画』（Calculation for Designing Bantai Basi at Niigata Part1）。全文英語で17章から構成されている。当時の卒業論文は、その研究成果が土木事業として実施できる実利的なテーマが選択された。卒業計画書の審査がおこなわれ、1911年（M44）6月15日提出された論題が選定された。卒業後、卒業論文の鉄道の橋梁設計を完結させるために鉄道院の技手となる。この信濃川鉄道橋は、当時とし

ては我が国で最大規模を誇るものであった。卒業と同年（M44）12月、華族尾崎三良の五女元子と結婚。まだ封建社会の体制が色濃く残っている時代で、華族と平民の婚姻はめずらしいものであった。

　その1年後の1912年（T元）、内務省土木局第一技術課の技師となり、河川改修計画や工事関係の実務を担当した。勤務のかたわら、上司である沖野忠雄のはからいで東京帝国大学理科大学に再編入し、物理学も学んでいる。この勉学が本業の土木工学のみならず、数理解析や地震学などの幅広い見識となった。

　1920年（T9）、ドイツ、フランス・イギリス・アメリカの先進国を視察する機会をえる。高層建築物、橋梁、治水工事などを詳細に調査研究して帰国。なかでもイギリスのテームズ川の治水工事の調査研究は意欲的におこなっている。これが、のちに河川改修と組み合わせた多目的ダム計画論や荒川・信濃川・最上川・雄物川などの放水路の技術指導に生かされていく。内務省技師のかたわら東京帝国大学土木工学科の助教授も兼任した。

　激務のかたわら、ライフワークとして本業ではない耐震学について日夜研究に明け暮れた日々を送っている。同年（T9）、構造物の振動や地震動による耐震性についての調査研究成果をとりまとめた論文を土木学会誌上（第六巻第四号）に発表。論題は『載荷セル構造物ノ振動並ニ其耐震性ニ就テ』。この論文は高く評価され、**第1回土木学会賞**が授与された。さらに、研究成果をとりまとめた学位論文を母校の東京帝国大学に提出。『構造物ノ振動並ニ其耐震性ニ就テ』と題する大論文。構造物の振動理論や耐震工学上で多大な進歩発展に功績があることが認められ、1920年（T9）に**工学博士**の学位が授与された。32歳と異例の若さであった。博士を授位するには20〜30年かかった時代である。当時、工学博士は12名しかいなかった。旧学位令の最年少での学位取得者の最後であった。この功績が異例で、職務格別勤勉につき同年（T9）12月26日、内務省から特別賞与として金三十円が授与される。その後、新学位

令により工学博士の学位取得者はおおく輩出された。

このように、内務省土木局の技師の時代、勤務のかたわら構造物の振動や耐震性についての論文を次々に発表し、この分野での指導者としての地位を確立する。

1923年（T12）5月28日、内閣から**震災予防調査会**の委員、1925年（T14）11月14日、**震災予防評議会**の評議委員に任命され、地震学や耐震技術の調査研究に深くかかわっていく。

1936年（S11）、東京帝国大学教授を勇退する。**宮本武之輔**（1892〜1941）が「河川工学」の講座を引きついだ。宮本武之輔は『治水工学』を公刊し、現在でも河川工学の原点の名著となっている。同年（T14）11月7日に土木試験所長も退官し、10年7カ月の試験所での調査研究生活にピリオドをうつ。当時の土木学会の機関紙「土木ニュース」で

> 物部さんが退官された。如何に内務省の人事が行き詰まっているとはいえ、博士の如き土木界に至宝が第一線を退かれたということは、なんといっても残念なことである

と、その退官を土木工学界全体で惜しんでいる。

その後、東京市や横浜電灯などのダム建設顧問、万国学術委員会第五部委員長、大政翼賛会調査委員などの要職を歴任する。晩年の研究生活は、諸外国の河川関係の論文紹介の寄稿が多い。そして、1939年（S14）を最後にぱったりと途絶える。

1941年（S16）病気療養のなか9月9日、奇しくも父長元の命日に多くの人びとに惜しまれながらこの世を去った。物部長穂53歳の短い生涯を終えた。追悼する当時の土木関係の専門誌『土木技術』の記事から、土木工学界にいかに大きな衝撃をあたえたのか、その功績をうかがい知ることができる。

> 氏は人も知る如く學的研鑽にかけては、今日の言葉で表現すれば一分の隙もない臨戦體勢を実践躬行されたと云ってもよい。而も全く稀にみる明晰な頭脳を持つ天才であった。かの「構造物の振

動揺にその耐震性に就て」の大論文で我國學界の最高榮譽たる恩
賜賞を得られて以来重力式堰堤に、橋梁に、支壁堰堤に、水理學
上に構造力學上の残された博士の功績は實に大きい。名著「水理
學」は前人未踏の天地を開拓した貴重なる文献として、世界的に
其の存在が認められた。

　今、この學的巨星を五四歳の若きを以って喪ひしことは我國土木
學界の大損耗であると云へよう。爰に謹んで哀悼の意を表する次
第である。

　年齢が54歳になっているのは、当時数え年による慣習であった。

　東京帝国大学土木工学科を卒業した大半の学生は、内務省や鉄道院に
入り、技手として任用された。物部長穂も常道のみちを歩んだが、他の
技術者と決定的に違ったみちは、研究者・教育者として、その一生を学
問研究の生活に明け暮れた日々だった。

　当時の土木工学界は、行政能力や企業手腕が高く評価された。欧米先
進諸国の建造物を模して、競いあって大規模工事が実施されている。そ
の時代にあって、地味ではあるが「耐震学」や「水理学」という新しい
分野の学理の基礎理論を研究し、体系づけた理論家であり、後輩の指導
や学生の教育に尽力した。

　100年に一人、でるかでないかの秀才である。今後、土木工学では彼
を超える理論家はいない、といわれる人物。我が国土木工学界の学術研
究の基礎と発展に最も大きな足跡を残した人物である。

試された耐震論

　土木構造物の振動や耐震設計の論文を次々の発表し、名実ともに耐震
研究の権威者となる。これらの耐震理論が公表された3年後の1923年
（T12）9月1日、M7.9の巨大地震が関東一円を襲った。**関東地震**（関
東大震災）である。当時、地震研究所の所員、震災予防調査会の評議委

員も兼ねて活動していたさなかの出来事であった。地震研究所では、寺田寅彦など我が国の物理学者や地震研究者で構成され、当時、その研究成果は世界的に誇りうる高い水準に達していた。耐震の設計体系が完結したと考えていた矢先の1891年（M24）の濃尾地震以来の巨大地震が帝都東京一円が甚大な被災をうけた。

　現実の地震という荷重（外力）によって、実構造物がどのような挙動を呈し、変形や倒壊がおこるのか、そのメカニズムを解明する絶好の機会であり、逆に物部耐震理論が検証される機会でもあった。

　余震がまだ続き、火災で焼け野原となり瓦礫が山のようにあるなか、科学的で緻密な被害調査がおこなわれた。調査区域は東京府、神奈川全域および、塔状構造物の煙突や高層ビル、煉瓦造りの建物や木造家屋、橋梁、崖崩れ、津波など広範囲にわたりくまなく調査し、写真帳としてまとめられている。

　9月26日には『震害報告書』を短期間で作成し土木学会に報告。「河川・かんがい・砂防・運河・港湾之部」と「電気関係・土木工事之部」から構成される内容。

　構造物や家屋被災と墓石の転倒などから、地震による破壊または転倒その他の原因は三つ要因が考えられるとし

　　1）直接地震の震動による
　　2）地震によって誘起されるその箇所における地震の副震動又はその変形によるもの
　　3）構造物自身の震動又は変形によるもの

とまとめられている。煙突や高層建築物の被害は、その根元や最下層の一階が被災を受けると考えられていた。しかし、被災後の調査によれば、煙突の塔状構造物や高い橋脚の基礎構造物では、その根元で切断されているものもあるが、上部1/3のところで多く破折している。高層建築物の多くは中層階で倒潰している。特に煙突と橋梁の高い橋脚の被災は入念に調査されている。

たとえば、八王子の大阪窯業の煉瓦造りの煙突は、高さ 120 尺のうち鉄骨造りでない上部 10 尺が落下したなど、写真のわきに構造や被災状況が詳細に記述されている。この被害調査方法は、それ以降、手本とされる充実した内容となっている。

　自身の目で確認された被災状況から、従来の耐震設計理論の不足を解明し、修正する必要にせまられ、全精力をそそいだ。1924 年（T13）に『地震上下動ニ関スル考察並ニ震動雑論』を土木学会誌上（第 10 巻第 5 号）に発表。関東大地震で得られたデータや被害実態調査結果などから、従来は水平動の加速度のみに着目していたが、上下動の鉛直加速度も考慮しなければならず動力学的に考えるべきである、として耐震理論の修正が必要であることが判明した。

　各構造物には固有の振動周期がある。地震の際、その固有な自由振動周期と地震動との関係で複雑な振動がおこる。両者の周期が接近するほど振幅の増加が認めら、被害をおおきくする。**構造物の振動周期**と地震動による**地盤の振動周期**と上下動に着目して、構造物を弾性体として動力学的に取り扱って設計すれば、地震に対して強い構造物を設計できるというものである。その着眼点は、従来まで地震動による複雑な振動を静的に評価し、剛構造物を推奨していたが、それを動力学的に**弾性体構造物**として発展させた。高層建築物などは柔構造とすれば地震に対して粘り強い構造物となるというもので、それまでの剛構造物の考え方を根本的にくつがえすものであった。この耐震設計理論は、我が国初の高層建築の霞ヶ関ビルの設計などに応用されていく。

　この研究成果がまとまったのは、関東大地震から 1 年後の 1924 年（T13）。論文の草稿には、自大正六年（1917）至大正十三年（1924）と、自身の耐震研究を費やした期間の集大成としての意味がこめられている。『構造物ノ振動殊ニ其耐震性の研究』と題するもので、

　　　第 1 章　　載荷セザル塔状構造物ノ振動並ニ其耐震性ニ就テ
　　　第 2 章　　載荷セル構造物ノ振動並ニ其耐震性ニ就テ

第 3 章　橋桁ノ振動並ニ衝撃作用ニ対スル関係

第 4 章　吊橋ノ振動並ニ衝撃作用ニ対スル関係

4 章 63 節、320 ページの大論文となって世に公となった。

　同論文が発表されたのは帝都復興が槌音高く鳴り響く時期。この研究論文は、構造物を力学的に弾性論で取り扱い、動力学的に数理解析する理論である。従来の耐震工学を根本的に変えるものであった。

　学会では、震災後の復興の途にあった土木構造物や建築設計に一大変革をもたらし、コペルニクス的転換であると高く評価された。日本学士院 80 年誌によれば「地震学上先人未踏ノ地域ヲ開拓セシモノ」と評価されている。

　翌年（T14）3 月 12 日、帝国学士院会は、会長の穂積陣重の司会によって定例会議が開催された。議題は**学士院恩賜賞**と学士院賞の選考であった。数多くの論文の中から物部長穂の『構造物ノ振動殊ニ其耐震性の研究』と東京帝国大学助教授矢吹慶輝の『三階教の研究』が選定された。ここに、物部長穂は学界の最高栄誉である恩賜賞が授与された。これは土木工学分野では初めての快挙で、学界としても大変名誉な研究成果であった。受賞に際して

　　　　「あんな論文が恩賜賞を受けるとは思ってもみませんでした。内
　　　　務省土木課では河川改修の仕事を本業としていますので、十分研
　　　　究もできず、公務の余暇や土曜、日曜を利用してやってみました」
と謙虚に語っている。土木試験所長に勅任される半年前であった。

　この恩賜賞が授与された研究論文は、のちに著書『土木耐震学』として常磐書房から 1933 年（S8）に公刊され集大成された。

土木試験所での耐震研究

　1926 年（T15）5 月 31 日、物部長穂が土木試験所に着任してから、新設された岩渕分室の実験設備をつかって土圧や水理実験、現地調査な

表 -5.1　耐震関係の調査研究の成果

発表年	論　題	著者名
1932（S7）	地震時土圧の実験的研究	松尾春雄
	新土圧計算図表	本間仁
1933（S8）	三陸津浪調査報告	松尾春雄
	擁壁の安定増大の一提案及之に関する試験	松尾春雄
1934（S9）	地震に因る動水圧を考慮せる重力堰堤の断面決定法	物部長穂
	津浪の災害被害軽減に関する模型実験	松尾春雄
	津浪の変形の理論	本間仁
	三陸津浪調査報告（追加）	松尾春雄
	地震動による土堰堤の変形	青木楠男
	阪神地方沿岸風水害調査	松尾春雄

ど、本格的に耐震関係の研究が精力的におこなわれた。

　我が国ではじめての水理模型実験は、仙台土木出張所（現在の東北地方整備局）から依頼であった。北上川下流に計画されていた飯野川堰に関するもので、1930 年（S5）に『北上川降開式転動堰模型実験』と題して土木試験所報告第 15 号にとりまとめられている。

　当時の耐震関係の調査研究について、土木試験所報告から初期の論題をひろいあげると、表 -5.1 のようなものがとりまとめられている。

耐震学関係の物部論文

　桜井錠二（1858〜1939）は日本の化学分野の先駆者である。同氏は、理化学研究所・学術研究会議の創設者であり、帝国学士院長なども歴任した。物部長穂は東京帝国大学地震研究所員や学術研究会議工学研究会の幹事、帝国学術振興会常任委員会委員長などの要職を歴任し、これらの会議をとおして桜井錠二と親交があった。

また、物部長穂は物理学者の**田中館愛橘**（1856〜1939）、**長岡半太郎**（1865〜1950）、**寺田寅彦**などと、東京帝国大学地震研究所員として、毎月1回開催される研究発表会に出席し、彼らとも親交が深かった。当時、我が国はもとより、世界的に著名な学者である人たちと一緒になって地震学の研究に携わっていた。

物部長穂は、生涯100余編の論文や論説を発表している。主著は1933年（S8）に『土木耐震学』（常磐書房・長穂没後の1952年（S27）に長男物部長興によって理工図書より再刊）と『水理学』（岩波書店・1962年（S37）に『物部水理学』として改訂再刊）の2冊を同時に公刊している。土木工学黎明期の名著として現在でも愛読されている。

『土木耐震学』のなかに、なぜ地震に興味をもち、振動、耐震学に傾倒し、耐震工学として体系づけたのか、その一面をうかがい知ることができる。第3章の14節「地盤と地震の強さ」は本書の核心部分であり、今日の耐震設計理論の基本をなすものである。

この節で、地震による墓石の転倒や家屋の倒潰率などから設計震度を提案した。対象地震は次の四つを選定した。

　　1891年（M24）の「濃尾地震」　　　　　　　M8.4

　　1896年（M29）の「秋田仙北地震」（陸羽地震）　M7.2

　　1914年（T3）の「秋田仙北地震」（強首地震）　M7.1

　　1923年（T12）の「関東大地震」（関東地震）　M7.9

この地震と物部長穂の年齢の関係をみると、濃尾地震が3歳、陸羽地震が8歳、強首地震が26歳、関東大地震35歳である。出身地の二つの地震を選定している。陸羽地震は秋田・岩手県境付近が震源で、生家から30kmの距離。幼少期でその体験は強烈であったろう。強首地震は震央まではわずか8kmで、生家の仙北郡で最も激しい被害をうけている。

また、第2章10節「家屋の震害及び火災」の震災概説で

　　著者は秋田仙北地方の出身にして幼少期二回の大地震に遭遇し、

　　幸いに家屋、家族共無事なりしが此地方の古き慣習として地震の

際主人は老幼の避難を助け、火氣あれば主婦は先づ大鍋に水を満
　　たして之を火上に載せ然る後に脱出した。
とある。2 回の大地震とは 1894 年（M27）の M7.0 の「荘内地震」と「陸
羽地震」をさしている。大地が突きあげるように揺れた強烈な恐怖体験
や家屋の倒壊を目のあたりにした悲惨さの記憶など、幼少期の実体験が
脳裏から離れていない。

　物部長穂は理論的な人で、もともと関東大地震前から震動論そのもの
に興味をしめし、数理解析などに精通したい。初期の論文は、塔状構
造物の煙突の自由震動や耐震について、1919 年（T8）に『塔状構造物
の振動並に其の耐震性に就て』を発表したことからスタートした。故郷
秋田の田舎では、空高くそびえ立つ煙突は見あたらない。非常に珍しい
光景で、興味がそそられたことは容易に想像がつく。

　関東大地震では、煙突の被害調査を東京、横浜、横須賀の 3 都市、
243 箇所で実施している。これを表 -5.2 に示す。

表 -5.2　関東大地震の煙突被害調査結果

材　　料	箇所数	無事	傾斜	断裂	倒壊	被害総数	不　明
煉　　瓦	66	0	0	12	52	64	2
鉄筋混擬土	60	15	1	17	27	45	0
鋼　　板	68	40	3	7	16	26	2
同ステー付	49	29	5	0	15	20	0
計	243	84	9	36	110	153	4

　土木試験所で本格的に地震・津波など耐震関係の調査研究は 1932 年
（S7）の地震時土圧の実験的研究にはじまる。耐震設計の理論的な確立
は、組織的に研究された成果というよりも、物部長穂個人による功績が
そのほとんどをしめ、新たな分野として耐震学が体系づけられた。

　耐震学の集大成が著書『**土木耐震学**』である。同書の目次構成の章だ
てを以下に示す。

　本書の特徴は、地震学の基本事項と耐震設計の基本的な考え方とその
理念、各構造物の振動論を数理解析によって明らかにしている。数式と
図表をふんだんに掲載されている。実務上、この図書を参考にすれば対
象構造物を設計できる実用的な内容となっている。

　耐震学関係の功績もさることながら、水理学の分野でも多大な功績を
残している。当時、水理関係のまとまった書籍は国内で見あたらない。
水理学という新たな専門分野を集大成し体系づけた先駆者である。1933
年（S8）、岩波書店から『**水理学**』として、定価 5 円 80 銭で公刊された。

　岩波書店では当初定価 20 円で販売する予定であった。若い研究者に
とって高すぎて入手がむずかしい、と原稿引きあげ寸前までこじれる事
態となる。岩波書店の顧問をつとめていた物理学者の**稲沼瑞穂**（1908
～1965）の仲介により販売元がおれて決着した。岩波書店の編集担当
者は、自身にとってメリットがある話なのに、そこまでこだわる人であ
ると、いぶかしく思い困ったとうい。物部長穂の教育者、研究者として
の誇り高い精神と、その情熱をかいまみるエピソードである。

　英語の Hydraulics を日本語で「水理学」と和訳したのは物部長穂で
ある。同書では、現在も使われている物部式と呼ばれる公式が数多く掲

載されている。

物部長穂の耐震学関係の論文や論説の主だったものを表 -5.3 に示す。

表 -5.3　物部長穂の耐震学関係の論文リスト

発表年	論文名及び出版物等の名称
1919.6 （T8）	『塔状構造物の振動並に其の耐震性に就て』 　　　　　　　　　　　　　　　　　　　土木学会誌第 5 巻 3 号
1920.8 （T9）	『載荷せる構造物の構造物の振動並に其の耐震性に就て』 （第 1 回土木学会賞を受賞）　　　　　土木学会誌第 6 巻 4 号
1920. （T9）	『構造物の振動並に其の耐震性に就て』 （学位論文・工学博士の学位取得）　　　　　　　東京帝国大学
1921.8 （T10）	『吊橋の振動並に其の衝撃作用に対する関係』 　　　　　　　　　　　　　　　　　　　土木学会誌第 7 巻 4 号
1921.12 （T10）	『変断面塔状体の自由振動周期算定法』 （Eigenschwingungen Eigespannter Stabvon Veranderlichem Querschnitt）　　　　　　　　　　　　　　　　　Z.A.M.M
1924.2 （T13）	『橋桁の振動並に其の衝撃作用に対する関係に就て（討議）』 　　　　　　　　　　　　　　　　　　土木学会誌第 10 巻 1 号
1924.4 （T13）	『地震動による構造体の振動時相に就て（討議）』 　　　　　　　　　　　　　　　　　　土木学会誌第 10 巻 2 号
1924.10 （T13）	『地震上下動に関する考察並に振動雑論』 　　　　　　　　　　　　　　　　　　土木学会誌第 10 巻 5 号
1924.10 （T13）	『神戸市上水道堰堤耐震調査』 　　　　　　　　　　　　　　　　　　　　　震災予防調査会委員
1924 （T13）	『横浜市道路橋震害調査報告書』 　　　　　　　　　　　　　　　　　　　　　震災予防調査会委員
1924 （T13）	『構造物の振動殊に其の耐震性の研究』 （第 15 回帝国学士院会恩賜賞が授与される）
1925.10 （T14）	『貯水用重力堰堤の特性並に其の合理的設計方法』 （多目的ダム論を提唱）　　　　　　　土木学会誌第 11 巻 5 号
1926.10 （T15）	『地震時に於る土圧に関する研究』 　　　　　　　　　　　　　　　　　　　　土木建築雑誌第 5 巻
1926 （T15）	『我が国に於る河川水量の調節並に貯水事業に就て』 （多目的ダム論を提唱）
1929. （S4）	『地震時の於る土圧力の計算に就て』（共著） 　　　　　　　　　　　　　　　　　　　　万国工業会論文集 1

1931 (S6)	『石工堰堤の耐震構造の就て』（共著） (Earthquake-Proof Construction of Masonry Dam-) <div align="right">万国工業会論文集 9</div>
1932.12 (S7)	『地震時土圧の実験的研究』（英文・共著） <div align="right">東京帝国大学地震研究所彙報第 10 号</div>
1933 (S8)	『土木耐震学』 <div align="right">常磐書房</div>
1934.1 (S9)	『地震に因る動水圧を考慮せる重力堰堤の断面決定方法に就て』 <div align="right">水利と土木第 7 号第 1 巻</div>
1934.3 (S9)	『地震に因る動水圧を考慮せる重力堰堤の断面決定方法』 <div align="right">内務省土木試験所報告第 26 号</div>
1934.3 (S9)	『建築構造物の終局の耐震力に就て』 <div align="right">東京帝国大学地震研究所彙報第 12 号</div>
1936.12 (S11)	『土堰堤の耐震性』（共著） <div align="right">第 2 回国際大堰堤会議提出並びに国内研究論文集 （動力協会）</div>
1952.9	『土木耐震学』 　1933（S8）の『土木耐震学』の再刊 <div align="right">理工図書</div>

多目的ダム論

　物部長穂は耐震学のほか、前述した**水理学**という新たな分野の体系化
と、**多目的ダム論**や水系一貫の河川計画管理の理念を提唱した。この概
念は、河川行政の根幹をなすもので、今日まで脈々と受け継がれ各種事
業が展開されている。その理念は、1925 年（T14）10 月、論説報告と
して土木学会誌（第 11 巻 5 号）に『貯水用重力堰堤の特性並に其の合
理的設計方法』、翌年には『我が国に於る河川水量の調節並に貯水事業
に就て』を相次いで発表している。これらの論文は、耐震論研究の論文
執筆の最中に同時並行して執筆されている。

　前者の論説は第 9 章 41 節、167 ページからなる大論文。前後編から
構成されている。前編では、諸外国の貯水事業や設計方針の学説につい
て論評し、我が国の実情から適切な設計方針を提案している。さらに、

堤体に作用する地震力の影響を研究した成果も紹介している。後編では、従来の試算的方法によらずに提案した設計方針により、図表をもちいて基本断面形状を決定することができる。この断面形状は地震力も考慮した安定条件を満足できることを実例をもって紹介している。

　この論説の中で、我が国の河川事情とダム計画について

　　　而て我國に於て渇水の最も惧るべきものは冬季に起こるを以て九月下半より十一月に至る降雨稍豊かなる季節の池積を満たし、僅かに不時の豪雨に對する餘地を止め、其貯水は之を擧げて以て冬季の渇水を補給し得べく夏季に於いても時々出水の間に旱魃起り、水田の害を爲す事大なるも其期間長からざるを以て、爲に補給すべき總水量は大ならず、而て此季節に於いては不斷に大洪水の襲来を豫期せざるべからざるを以て渇水補給に要する池積は別の之を具へざるべからず、即ち洪水調節、渇水補給の兩目的を兼有する貯水池にありては若干の堆砂、夏季渇水の補給、大洪水の調節等に要する容積の和以上の池積を有せしむべきものにして、斯の如き池積を有するに於は冬季渇水を倍加する事さして困難ならざるべし。以下　中略

　　　假令は大體に於て、水源の渓流にして位置高く、池積狭隘なるものは發電用水の補給を主たる目的となし、幹川に於て谷間稍廣く用落差に乏しきものは洪水調節及び灌漑補給を主たる目的と爲すが如し。

と論じている。本論文の要旨を要約すると以下のようにまとめられる。

1）河道が全能力を発揮する期間は極めて短いので、貯水による河川水量の調節は洪水防御上有利である

2）発電が渇水に苦しむのは冬期であり、その季節は大洪水の心配がないので、洪水調節容量は発電に利用できる。夏期渇水に対しては多目的として貯水池を多少大きめにおけばよい

3）ダム建設の貯水池地点は、我が国では一般に有利なところが少な

いので多目的に利用すべきである。治水、かんがい用水などのも
はなるべく平地の近くに設けるべきであり、発電用には上流部の
狭窄部が有利である。水系ごとに効率的・有機的に運用すべきで
ある

4）大規模貯水池の下流には小規模貯水池（逆調整池）を設けるべき
　である

5）貯水池埋没対策として、将来、砂防工事を大規模に施工する必要
　がある

6）計画については、河川全般に精通した人々によって計画すべきで
　ある。

7）耐震的設計法によれば、地震にも心配する必要はない。

我が国としては、各河川・湖沼について水量調節による治水工事上の
効果、種々の利水の増進などを調査して、これらに関する全体の方針を
定め、今後実施されるべき治水及び利水事業において、河川水量に関し
ては事情の許す限りこの方針に則り、また、私企業の造る単独目的の貯
水池を設置する場合も、治水又は他の利水事業にも有益なように工事を
させるようにし、これに対して何らかの補助の方策を講じなければなら
ない、と考察・提案している。

　砂防工事の必要性、ダムの耐震の問題など、治水・利水など、総合的
な対策を講じなければならないと、基本的な事項が網羅され、その思想
は今日まで変わらない。

水系一貫の河川計画管理

そして、同論文はさらに次のようにつづく。

　　斯くして余は我國河川に於ては水量調節事業の極めて有利なるも
　　の勘なざるべく、假令今日の情態に於ては其利薄きも將來必ず有
　　利なるの時期の到來すべきもの亦多かるべきを信ずるものなり、

而して此種の計畫は稍長期に亘りて各種の調査を爲し、上は水源より下は海口に至る迄、全川に亘り砂防、治水、利水等の諸問題を一括し愼重なる考究を爲して始めて計畫の誤りなきを期し、利用の全きを計る事を得べし。

水系一貫の河川計画管理の理念である。

　秋田県大仙市協和町の「まほろば唐松公園」の一角に**物部長穂記念館**がある。この記念館は、生家の唐松神社の脇の清流である淀川を挟んだ対岸に位置する。記念館入り口には、高さ195cm、重量252kg、台座の高さ70cm、等身大よりひとまわり大きい物部長穂の銅像が建立され、見学者を迎えてくれる。

　館内に刻版が掲示されている。

　　　河川ト言フモノハ

　　　ソノ水源ヨリ河口マデ一個ノ

　　　有機体ヲ成シテオリ

　　　ソノ一部ノ状況変化ハ直チニ

　　　全部ニ影響ヲ及ボスノデアル

とある。水系一貫の河川計画管理の理念を簡潔明瞭に、その考え方が見学者に説明されている。

　土木工学で個人を顕彰した記念館は、我が国で唯一のものである。

Ⅵ. 主要地震の特徴と被災状況

貞観の三陸沖地震

　2011（H23）年3月11日に超巨大地震が発生した。1900年以降、世界歴代第4位 M9.0（Mw9.1）の**東北地方太平洋沖地震**である。この地震による**東日本大震災**のあと、過去の歴史的な地震被害の事実を謙虚に受けとめる必要の姿勢がなかったとうい議論がはじまっている。歴史地震を再評価する重要性が認識され、「貞観の三陸沖地震」や「慶長の三陸沖地震」が注目された。過去の地震や火山災害について、専門家が一般向けて分かりやすく啓発をおこなう**アウトリーチ活動**も精力的に展開されはじめている。

　『理科年表』によれば、**貞観の三陸沖地震**は869年7月13日（貞観11年5月26日）に、震源38.5°N 144°E、地震の規模は M8.3（Mw8.4）。城郭・倉庫・門櫓・垣壁など崩れ落ち倒潰するもの無数。津波が多賀城下を襲い、溺死者千。流光昼のごとく陰映するという。**三陸沖の巨大地震**とみられる。Mw は津波堆積物の調査による、と記載されている。

　地震の発生時刻は昼説・夜説があり、現在も論争がつづいている。人的被害は溺死者1000名、圧死者（不明）で、物的被害は家屋の倒壊、多賀城の倉庫・門・櫓・築地塀の倒潰、原野・道路の広範囲の浸水、作物の被害、土地被害は地割れ、広大な津波浸水被害であった。

　6世紀から7世紀前半は、東北地方は日本の政治的中枢である朝廷の都から離れた北方の辺境の地の邑であった。そこに、蝦夷と呼ばれる人

びとが中央政権の勢力のおよばない、一線を画す独自の社会体制の地方
であった。中央政権の勢力は地域を治めながら北進してきた。地方統治
の最前進基地が城柵・官衙という軍事・行政機能をもつ建物群で構成さ
れ、まわりには木柵や材木塀、築地塀をめぐらせた構造。北進は、中央
集権的な政治支配体制の確立と、大陸の新羅や渤海などの国際的に不安
定な情勢、有時に備えて海上の軍事力強化など、海外との政治情勢に敏
感な地域であったという事情があった。

　阿倍比羅夫が日本海を北上して、蝦夷を勢力下におこうと最初に日本
海を北航したのが658年（斉明天皇4）。**多賀城**に国府をおいたのが
722年（養老6）。その11年後の733年（天平5）には**秋田城**まで進出
している。多賀城に設置されている石碑には「神亀元年歳次甲子、按察
使兼鎮守将軍従四位勲四等大野朝臣東人の置く所なり」とある。多賀城
が東山道の駅路として接続された。神亀元年は724年。石碑には多賀
城の位置として京や常陸、下野、蝦夷などの国境からの距離とともに「去
靺鞨國界三千里」とある。靺鞨國は渤海で、アジア大陸との交流も重視
した進出であった。

　多賀城は仙台平野の北端部の丘陵上に構築され、南には仙台平野が広
大に開けている。蝦夷が反乱した際、この丘陵を越えて仙台以南に波及
しないことを意図して造営された。軍事的、政治的に重要な要衝地であ
る地理的環境にあった。

　貞観の三陸沖地震の被災状況や復興の経緯について『**日本三代実録**』
から読み解くことができる。政府編纂の歴史書で菅原道真がかかわった
とされる。清和・陽成・光孝天皇三代（858〜887）の29年間の治績を
簡潔に記している。その編集方針は、国家の儀礼、慶事、災害、災異で
ある。災異は、災害をさし、地震、津波、暴風、洪水などの記録を載せ
る、としている。貞観の三陸沖地震は清和天皇が数えで20歳の治世下
でおこった津波災害であった。

　災害の第一報が都に届いたのは地震発生35日後の7月2日。その後、

98日後の9月7までつづくが、被害が甚大でその全容を状況把握するのに時間を要したことを示唆している。

　この貞観の三陸沖地震の状況はを『日本三大実録』で、「陸奥國地大震動」「流光如昼陰映」「頃久人民伏叫呼不能」「驚濤涌湖浜廻漲長惣至城下去海数十百里浩々不弁其涯涘」などと記され、その要旨は

　　　陸奥国で大地が大きく震動した。流光が昼のごとく空をおおい照らした（隠映）。地震の直後、人びとは叫び呼び、伏しておきあがることかなわず。家が倒れ、その下で圧死したり、地割れでその中に埋まって死んだ人もいる。牛馬は驚き走ってひっくり返ること数知れず、互いに踏みつけあう有様。城郭や倉庫、櫓、門、垣壁など崩れ落ち、ひっくりかえること数知れず。海口は吠えたてて、その声は雷電の如し。激しい高潮が来襲してさかのぼり、また漲り進んで、たちまち多賀城の道下まで到達した。海を離れること数十百里の距離まで冠水した様子は広大で、その果てを区別することができない。原野や道路はすべて青海原のようになる。船の乗る余裕もなく、山にのぼる余裕もない。その中で溺死する者が千余人にも及んだ。資産や田畠の作物は一つとして採ることができず全滅した。

と、被災の程度と津波の襲来状況を具体的、詳細に記録している。

　地震が発生した98日後の9月7日、甚大な災害に直面した朝廷は、具体的な復興に動きだした。検使を派遣したことを「検陸奥国地震使」と記されている。最初の復興策である。中央政府が正使1名、判官・主典各1名を被災地に派遣した。正使は因幡国権介紀春風という人物で、2年前まで造営にかかわる**木工寮長官**の木工頭を9年間つとめた実績をもつ。また、平安京の警察・司法・穢れの清めにかかわる険非違使をつとめた実務官僚。木工寮は、土木、建築、建物の修理を一手のつかさどる造営事業の技術面での主要機関。朝廷は、このような専門の技術をもつ人材を震災から約3カ月間、さまざまな情報収集をおこなった後、地

震を検する令外官として、臨時的な官人の派遣や新たな組織の編成を速やかにおこなうなど、朝廷が直接かかわっていく姿勢が読みとれる。

10月13日、清和天皇は詔で災異思想にもとずく復興理念と復興施策の基本方針を表明する。使者の派遣、被災者への食料供給、死者の埋葬、被災者の税の免除（租・調）、身よりがなく自立できない者への手厚い救済など、公民と蝦夷を分け隔てなく丁寧に対応するよう指示した。

翌870年1月25日には、蝦夷の反乱に備え、軍事官僚として小野春枝を陸奥介に補任。新羅の侵略の可能性があることから弟の小野春風を対馬守に補任する。その一方で、関係神仏に安寧祈願し具体的施策はこれ以降からおこなわれた。同年9月15日、新羅海賊被疑者10名が陸奥国に移配された。彼らは、前年に博多港で新羅の海賊が日本の船を襲う事件があったとき、海賊ではなかったが当時日本にいた新羅人とともに東国に送られていた。このうち瓦工経験者3名には、新羅系造瓦技術を陸奥瓦工人に伝習させ、多賀城、陸奥国分寺、陸奥国尼寺の修復瓦の生産を指導している。

876年（貞観18）11月29日、清和天皇は29歳の若さで、皇太子貞明親王（陽成天皇）に譲位した。譲位の詔には桓武天皇以降、9世紀代の天皇のなかで最も多くの災害に見舞われた。相次ぐ国家的災害を自らの譲位により沈静化させようとする究極の復興策であった。

この時代、自然災害や天候不順など、天変地異に見舞われている。830年（天長7）の出羽国M7.0〜7.5の地震、837年（承和4）の鳴子火山噴火、841年（承和8）、846年（同13）の大冷害、850年（嘉祥）の出羽国のM7.0の地震など。9世紀は、東北地方を含めて日本列島各地で火山噴火や地震が頻発した**大地動乱の時代**であった。災星という自然現象は怪異とみなされ、さらに庚申年が近いということで蝦夷反乱の前兆ではないかと、という時代背景があった。

多賀城跡の発掘調査は、2020年に調査開始から60周年を迎える。毎年新たな知見が報告され、全容の解明がまたれる。仙台平野の埋蔵文化

財の発掘調査や古代遺跡分布、地形環境、日本三大実録の記事など、地震、津波の痕跡などから当時の被害状況を知ることができる。

貞観の三陸沖地震当時の仙台平野は、最近の**津波痕跡**調査研究の知見から、海岸線は現在よりも約1km内陸側にあった。多賀城周辺の低地は計画的に区割りされ、蛇行していた砂押川は、直線的に運河して改修され、潟湖を通って仙台港に注いでいた。

夜間（昼の説もある）に発生したMw8.4の巨大地震は、人びとが絶叫するほどの立っていられない大きな揺れで、震度6強に相当する。山に登ったり、船に乗って避難する時間もなく地震直後に津波が押しよせた。巨大津波は砂押川の轟音をたてて河口から潟湖を経由して遡上した。津波は計画的に区割りされた多賀城下の南側、方格に地割りした土地に押しよせ、広範囲にわたり冠水。多賀城は丘陵地の立地条件から津波被害はなかった。

当時の自然観は、山にも海や川にも草木、石、自然現象にも森羅万象に神々が宿る多神教の精神文化の土壌があった。火山噴火や地震、津波は、人知の及ばない超越した自然現象で、畏敬の念で災害をとらえていた。貞観の三陸沖地震は、その被害の甚大さから国家的危機として、中央政府の朝廷が積極的に関与して復興をなしとげた。被害調査や復興に関する専門技術集団の派遣や組織の新設、技術指導、現地民への細やかな配慮など。清和天皇が譲位する究極の選択にせまられ、決断した。

2011（H23）年の東北地方太平洋沖地震は、この貞観の三陸沖地震の津波の規模や被災状況の歴史的事実を認識されてはいたが、現代科学への盲信、技術の過信から、その教訓が生かされなかった、ということを学んだ。

慶長の三陸沖地震

記録は未発見でほとんど残ってないが、「貞観の三陸沖地震」と同規

模の歴史地震があったことが知られている。

　貞観の三陸沖地震から742年後の1611年（慶長16）12月2日、三陸沿岸から北海道東岸を襲った**慶長の三陸沖地震**である。震源は39.0°N 144.0° E、M8.1とその規模は大きい。三陸地方で強震。津波の被害は大きかった。伊達領内で死者1783名。鵜住居、大槌で800名。山田・津軽石・宮古で330名。計2963名。南部・津軽で人馬死3000余という。三陸沿岸で家屋の流出がおおく、北海道東部でも多数の被害をもたらした。内陸奥深くまで津波が侵入したと考えられている。

　各地に残されている史料は少ない。ちょうど奥羽の測量にきていたスペイン人のサバスチャン・ビスカイノの記録なども手がかりに、津波被害の関する調査研究が進すすめられている。ただ、被害の程度については、数少ない文献史料に対して評価が分かれており、記事に対する解釈が論者により異なる。

　今後、津波痕跡の発掘調査研究、さらなる史料の収集や詳細な検証を積み重ねることにより、この地震の津波被害の歴史的事実が明らかになることが期待される。

　この地震は、1933年（S8）の**三陸沖地震**（昭和三陸沖地震）と同規模で、その被災状況は似ている、とされている。

明治三陸地震津波

　1896年（M29）6月15日19時32分、三陸沖を震源（39.5° N 144° E）とする地震で、その規模はM8.2。**三陸沖地震**（以下、**明治三陸地震津波**と呼ぶ）である。この地震の津波による人的被災は、2011年（H23）の東日本大震災に匹敵する規模（死者・行方不明者総数22252名。2019年3月1日現在）であった。

　地震による被害はなかった。津波は、北海道から牡鹿半島にいたる海岸を襲来し、人的被害は死者総数21959名（うち行方不明44名）。県

別では、北海道6名、青森343名、岩手18158名、宮城3452名、負傷者総数4398名。Mは津波の規模から推定されている。

　この地震で、福島測候所では震度「微」と記録されている。当時は測候所の職員が体感した地震の強さを、烈、強、弱、微の四段階で評価していた。三陸沿岸の人びとは、揺れをほとんど感じなかったという記録が残っている。宮古警察署山田警察分署の浅利和三郎衛生事務主任の巡査（のちに秋田県横手町（市）の第12代町長を歴任歴任する）は、『海嘯記事』（津波記事）で地震の揺れについて「普通ノ振動ト異ナリ身体ノ上下ニ動揺セラルル心持シテ何トナク不快」という揺れで、驚くほどの特に大きいものではなかった。

　地震の規模がM8.2と大きいのに揺れは極端に小さい。同年（1896）8月31日に発生したM7.2の陸羽地震では、秋田県東部を中心に大きな揺れによって家屋全潰5792戸と被害が大きかった。

　津波は、地震による海底変動によって、その上にある海水面が周囲に広がり、海岸に近づいて水深が浅くなると波の進む速度は遅くなり、あとからやってくる波が追いつくため、その高さが増して陸上に到達する。海岸がV字やU字の地形では両岸の波が重なって、さらに高くなる。

　地震の大きさは、活動する断層の大きさ（幅、長さ）、断層の傾きとずれた量、破壊速度と伝わる地震波でその規模がきまる。M8.2の明治三陸地震津波では、海底で大きな地殻変動があったにもかかわらず、揺れはとても小さいのが特徴。

　人体が感じる地震波の周期は0.1～3sec程度で、それより長くなると体感ではわからなくなる。地震による揺れの大きさは地震波の周期を知る必要がある。地震波の観測は、当時は短周期を計測する地震計が主流であり、長周期の地震波はあまり観測されていない。経験的に小刻みにカタカタと揺れる短周期、ゆったりとユルユルと揺れるのはそれより長い周期として体感される。

　地震波は、断層の破壊速度によってさまざまに励起されて波形も変わ

るといわれている。断層がはやく破壊すると、人が揺れとして感じる短周期の地震波をたくさん放出する。ゆっくり破壊が進むと短周期の地震波はあまり出さず揺れは小さいが、ゆっくりずれても大きな地殻変動をおこせば津波は大きくなる。

　短周期の地震波があまり放出されないのに長周期の地震波をたくさん放出し、揺れは小さいが大きな津波を引きおこす特殊な地震を**津波地震**と呼んでいる。近年、各地で観測された地震波の解析で、明治三陸地震津波はプレート境界の津波地震であることが解明された。海溝付近のプレート境界の結合の弱いと考えられる場所でおこったプレート境界の地震である。

　プレートが地球内部に沈みこんでいく場所は、地球表面に沿って動くことによる。プレートが別のプレートと接触し、二つのプレートの密度差によって重いプレートが軽いプレートの下に沈みこんで動きつづける。この区域帯が日本海溝。二つのプレートの接触面にひずみが蓄積する。接触面の強度には限界がある。この強度が限界をこえると固着した面のひずみが解放され、地震が発生する。プレートが沈みこむ角度は水平面からゆるやかな角度で、10 度から 30 度ほどの低角度。プレート境界型の地震は、上盤が跳ねあがる**低角逆断層**タイプ。地震のときにずれ動いた方向は、プレートの進行方向と一致する。巨大地震発生のメカニズムである。

　津波地震はすべて海溝付近で発生している。その発生機構は、プレート上に海の軟らかい堆積物が厚く積みかさなって、そのまま沈みこんでいくような場所で、ゆっくりと破壊が進んだ**逆断層型**で**長周期の地震波**を発生させる。

　明治三陸地震津波は、日本海溝付近で太平洋プレートの沈みこみにともなって発生したプレート間巨大地震。震度 4 程度と小さい揺れであるにもかかわらず、巨大津波が発生した。通常の地震より断層がゆっくりずれた**典型的な津波地震**であった。

津波の物的被害は、家屋の流失全半潰 8000〜9000 戸、船の被害約 7000 艘。津波の高さは、吉浜で 24.4m、綾里で 38.2m、田老で 14.6m、襟裳岬で 4m。翌朝にはハワイで全震幅 2.5〜9m の津波が到達し多少の被害が発生。カリフォルニア州サンタクルスにも 1.5m の津波が到達した。

三陸町の綾里で観測された高さ 38.2m は、2011 年（H23）の東北地方太平洋沖地震で宮古市姉吉の遡上高 40.5m が確認されるまでは、明治以降日本で記録された津波の最大遡上高さであった。

地震発生後、津波は 35 分後に三陸沿岸に押しよせ、大きな被害を発生させた。浅利和三郎の『海嘯記事』には、地震発生 30 分後に「三十分ト覚シキ頃忽然異様ノ鳴動起リ大風ノ一斉ニ木葉ヲ揉ミ砕ク如キ音（ゴーゴー）発シ」と津波襲来を告げる音が鳴った状況を記し、それにつづいて「一肩千里ノ勢ヲ以テ突進シテ来リ」と大津波が荒れ狂い、低地一帯の家屋がことごとく波に呑まれた。津波はその後の 2 度、3 度押しよせた。「斯クテ山田町川向三百有余戸ハ一戸ヲ残サズ家屋建物全ク流失シテ隻影ヲ留メズ」と集落が消滅した。その被災記録である『海嘯被害明細図』によれば、人口 3743 名のうち 828 名が溺死、358 名が負傷。戸数 783 戸のうち 454 戸が流失、全壊 50 戸、半壊 15 戸、浸水戸数 212 戸。被害の無かった戸数はわずか 7 戸にすぎない。山田町は壊滅的打撃をうけた。洋野町種市八木集落では、33 戸のうち 27 戸が流失、人口 232 名のうち生存者は半数以下の 109 名で、123 名が溺死した。釜石市下平田では、全戸数 53 戸のうち 41 戸が流失し、人口 400 名のうち 54 名が溺死するなど、沿岸各地で甚大な被災をうけた。

この地震のあと三陸沿岸の被災地では、多くの村で高台に集団移転、分散移転を余儀なくされた。

昭和三陸沖地震

1933 年（S8）3 月 3 日 02 時 31 分、三陸沖を震源（39.1°N 145.1°E）

とする三陸沖地震（以下、昭和三陸沖地震と呼ぶ）が発生した。地震の規模は M8.1、Mw8.4。震害は少なく、津波は太平洋沿岸をおそい、三陸沿岸で被害は甚大。三陸沖の日本海溝の沖側（海側）のごく浅いところ（震源の深さ 0km）で発生した正断層地震であった。

　東北地方太平洋沖で巨大地震が発生するのは、例外なく低角逆断層タイプの地震である。太平洋で地震が多いのは環太平洋地震帯に属し、海と陸の境界のあたる日本海溝の存在がその要因で、プレートの沈みこむ境界域で発生する。

　海溝に近いところの沈みこむプレートが折れ曲がり、表面のひび割れでこのような巨大地震の説明には無理がある。地震の規模から、沈みこむプレートが引っ張られる力によって、表面のひび割れだけでなくプレート内部まで破壊が進行しなければ、このような大きな地震エネルギーは発生しない。海側のプレートが曲がって沈みこんでいくので、海底地形は海溝をはさんで海側（沖側）が少し高まるような地形となる。このように海溝の海側が隆起する現象を意味するアウターライズと呼ばれる地形が形成される。

　アウターライズの正断層地震の前にプレート境界の逆断層地震がしばしば発生している例が知られている。1965 年（S40）2 月 4 日にアリューシャン列島のラット沖の逆断層地震 $M_w8.7$ が発生し、3 月 30 日に正断層地震 $M_w7.7$ が海溝付近で発生した。2006（H18）年 11 月 15 日、千島列島沖で $M_w8.3$ の地震が発生した。千島列島は太平洋プレートが沈みこむ場所で、千島海溝は日本海溝とつながっている。この地震は典型的なプレート境界の逆断層の地震。その後、翌年（H19）1 月 13 日に千島列島沖でアウターライズの正断層地震 $M_w8.1$ が発生している。

　現在まで知られている規模の大きなアウターライズの正断層地震は、1933 年（S8）の昭和三陸沖地震 $M_w8.4$ が歴代第 1 位、1977 年（S52）のインドネシアのスパン地震 $M_w8.3$ が第 2 位、2006 年（H18）の千島列島沖地震 $M_w8.3$ が第 3 位とされている。

なぜプレート境界の逆断層地震のあとアウターライズの正断層地震が発生しやすくなるのか、そのメカニズムは以下のとおり考えられている。逆断層の地震が発生するまえプレート境界はしっかりとくっき、ずれないように固着している。プレートがずれ動けば、プレートを引きずりこむ引張力がアウターライズ側の表面にまでおよぶ。この引っ張る力によって正断層地震がより発生しやすくなる。

　昭和三陸沖地震は、日本海溝の海側のごく浅いところで発生したアウターライズの正断層地震。地震の規模 $M_w8.4$ であることから正断層はプレートの厚さに匹敵するほど内部まで引き裂くような規模で発生した。この地震は、1896 年（M29）の明治三陸地震津波のプレート境界の巨大逆断層地震の影響をうけたもの。本震の 3 時間後には M8.0 の最大余震があり、その後、約半年間余震は続き M5 以上の余震は 77 回を記録した。

　また、この地震の際、東北地方の各地で前兆現象が報告されている。地鳴りや大砲のような音、発光現象など。三陸沿岸では 2 月ころから井戸水の水位低下、2 日前から潮位の低下など異常現象があったという。

　地震による揺れは明治三陸地震津波より強く、太平洋沿岸で最大震度5 を観測されたが震害は少なかった。壁の亀裂や崖崩れがあった程度。死者・行方不明者 3064 名、負傷者 1029 名、家屋流失 4034 戸、倒潰1817 戸、浸水 4018 戸、焼失 216 戸。

　津波は、地震発生後 30 分から 1 時間後に北海道から太平洋沿岸に到達し、三陸沿岸の被害は甚大であった。津波の高さは綾里で 28.7m、田老で 10.1m、ハワイ島コナで 3m、カリフォルニアで 10cmが記録されている。この津波による被害は、田老村で人口 1798 人のうち 763 人が死亡、戸数 362 のうち 358 戸が流出。その北側の小本村でも人口 792 名のうち 118 名人死亡、戸数 145 戸のうち 77 戸が流失するなど、三陸沿岸の集落は壊滅的打撃をうけた。

　津波による死者・行方不明者 3064 名が明治三陸地震津波の 21959 名

の約 1/7 にとどまった。この要因は、津波の高さが低かったこと、沿岸住民が揺れを感じた地震動が明治三陸地震津波より大きかったことが、すばやい避難行動を可能にした。さらに、**明治三陸地震津波から 37 年後**であり、**津波を体験した住民**が多数生存ており、「地震がおきれば津波がくる。はやく、高いところに逃げる」という伝承が根づいていた。この教訓が生かされて、いちはやい避難行動につながった。

この地震のあと、三陸沿岸の各町村は、集落の移転や避難路の確保、防潮堤、防潮林の整備など、本格的な防災対策がはかられる契機となった。

東北地方太平洋沖地震

2011 年（H23）3 月 11 日 14 時 46 分、日本海溝沿いの沈みこみ帯のプレート境界を震源域とする逆断層の巨大地震が発生した。**東北地方太平洋沖地震**である。この地震は記録的な人的・物的被害が甚大であることから『**東日本大震災**』と命名された震災。震源（38.1° N 142.9° E）の深さは 24km、この地震で宮城県栗原市で最大震度 7 の揺れを観測した。地震の規模は M9.0、M_w9.1。M9.0 の地震の規模は、我が国で観測史上最大であった。

最近 100 年間に世界でおきた地震をみても、1960 年（S35）のチリ地震の M9.5、1964 年（S39）のアラスカ地震の M9.1、2004 年（H16）のスマトラ島沖地震の M9.1 に次ぐ第 4 位の巨大地震。

揺れも大きく、宮城県栗原市では震度 7 を記録。震度 7 は家屋倒壊率が 30% 以上の揺れに相当する。我が国で震度 7 の大きな揺れを観測したのは 5 例ある。1995 年（H7）の**兵庫県南部地震**（「阪神淡路大震災」、M7.3、震源の深さ 16km、神戸・芦屋・西宮・宝塚）。2004（H16）年の**新潟県中越地震**（M6.8、震源の深さ 13km、川口町）。計測震度導入後の 2016 年（H28）の**熊本地震**（4/14 に M6.5、4/16 に M7.0、震源の

深さ 12km、益城町、西原村）。2018 年（H30）の**北海道胆振東部地震**（M6.7、震源の深さ 37km、厚岸町）。記録にはないが、1891 年（M24）の**濃尾地震**、1923 年（T12）の**関東地震**（関東大震災）なども推定震度 7 の大きさに相当する揺れであった。

本震の 2 日前に**前震活動**があった。3 月 9 日 11 時 45 分、本震のすぐ北どなりで M7.3 の地震が発生し、栗原、登米で震度 5 弱を観測。津波警報が発令され、大船渡・釜石で高さ 50cm の津波が観測された。さらに、前日には、この前震の最大余震 M6.8 が観測されている。

本震は、日本列島が上にのる三陸沖中部から茨城県沖にかけて太平洋側に沈みこんだプレート上面を震源域とする長さ 500km、幅 200km の断層がずれたもの。震源域の断層の最大のずれは 50m 以上。地震波の特徴は 2 点あげられる。日本海溝付近の遠い領域では、断層がゆっくりとずれて長周期の地震波をたくさん放出した。陸側に近いほうの領域では逆で、断層がはやく破壊された短周期の地震波が放出し大きな揺れを感じさせた。短周期の地震波と長周期の地震波をより多く発生させた二つの領域があった。大津波を発生させた要因は、海溝近くのまだ軟らかい地層が、深い部分のプレートの動きに連動して、高速で大きくすべったため、大きな海面変動がおこったと考えられている。

気象庁が速報で最初に発表したマグニチュードは M7.9。地震発生直後に発表するマグニチュードは、短周期の地震波の観測から算出する。もし、長周期の地震波が観測できない昔の地震計では M8.2 となり、最初の発表と近似する。短周期の地震波には、海溝沿いで断層がゆっくりずれた長周期の地震波をたくさん放出された津波地震の特徴も一部含んではいたが、最初の解析には入っていなかった。世界各地の長周期地震波の解析から 2 日後に、気象庁はマグニチュード 9.0 に修正して発表した。

気象庁は地震発生 3 分後に津波警報を発表。その時点で M7.9 としていた。この規模から予測した津波の高さは、宮城県で 6m、岩手県・福

島県では 3m と過小評価。その後、釜石沖の津波計が急上昇したため、地震発生 30 分後に宮城県 10m、岩手県・福島県で 6m に切り上げ、46 分後には太平洋沿岸で 10m 以上の「**大津波警報**」に修正された。

　この東北地方太平洋沖地震は、海溝型プレート境界の通常の地震と津波地震が同時に発生した極めて特殊な地震であった。日本海溝より陸側に近い区域、プレートが沈みこむ深さでいうと 50㎞くらいの場所では短周期の地震波を多く放出される。この地震波によって、震度 7〜6 強の強い揺れが広範囲に観測され、津波がくることが警戒された。気象庁も地震発生から 3 分後に津波警報を発表したが、もし、この短周期の地震波が観測されなかった場合、揺れが弱いために津波警報は発令されないか、発令がもっと遅く、より多くの犠牲者がでた可能性すらあり得るといえる。

　本震発生から 20 分後の 15 時 08 分には、震源域北端の岩手県沖で M7.4、30 分後の 15 時 15 分は南端の茨城沖で M7.6、40 分後の 15 時 25 分には余震域東方の日本海溝の外側で M7.5 と大きな地震があついで連動して発生した。

　本震発生から 27 日後の 4 月 7 日には宮城県沖のやや深い場所、太平洋プレートの逆断層スラブ内の深さ 66㎞で M7.2、M_W7.1 の余震が発生。余震域は南北 400㎞、東西 200㎞と広大で、8 月上旬までの 5 カ月間に発生した M5 以上の余震数は 550 回をこえている。

　M9.0 の巨大地震は、広域的に著しい地殻変動をおこし日本列島に大きな影響をおよぼした。東北地方は最大 5.3m の水平移動。日本海側の移動量は 1m。東北地方は全体で東西方向に大きく引きのばされた。数 10㎝の沈下も太平洋側で広範囲にわたり、牡鹿半島では最大 120㎝の沈降が確認された。

　本震の断層付近の余震域とは別に、震源域から遠く離れた場所でも**誘発地震**とされる「広義の余震」が発生した。本震発生の翌日の 3 月 12 日 03 時 59 分に長野県北部で M6.7 の浅発地震で長野県栄村で震度 6 強。

同日 04 時 47 分には秋田県沖で M6.4。3 月 15 日 22 時 31 分には静岡県東部で M6.4 の浅発地震。また、本震発生と同時に全国の 20 の火山周辺では、いっせいに地震活動の活発化がみられた。

　さらに、およそ 10 年後の 2021 年（R3）2 月 13 日 23 時 08 分に余震が発生した。震源は福島県沖で M7.3。震源の深さは日本列島がのった沈みこむプレート内の 60km で、海溝プレート境界の逆断層地震。宮城県南部・福島県中通り、浜通りで震度 6 強の地震。この余震は、人体が感じやすい 1 秒間に 1〜10 回震動する短周期の地震波が多く放出されたため、揺れが強く震度も大きくなった。建物に大きな損傷をあたえる 1 秒程度の振動周期の波形では揺れは強くなく、家屋への被害は少なかった。家屋損傷に着目すれば、震度 5 程度の地震であった。震源が 60km と深かったため津波は発生しなかった。

　2011 年（H23）3 月 11 日、本震発生の 30 分から 1 時間後に、巨大津波が太平洋沿岸に押し寄せた。各地の検潮所では、八戸市で 6.2m、大船渡で 11.8m、石巻市で 7.7m、相馬で 8.9m、大洗で 4.2m。津波の遡上高は宮古市姉吉で 40.5m が確認された。これまで国内最高とされていた 1896 年（M29）の明治三陸地震津波で計測された大船渡市三陸町綾里の 38.2m をこえた巨大な津波であった。人的被害は、2019 年 3 月 1 日現在、死者 19689 名（震災関連死約 3700 名を含む）、行方不明者 2563 名、負傷者 6233 名。身元が確認された死者 14553 名のうち、溺死が 90.5% を占め、65 以上の高齢者が 55.7% と報告されている。死者・行方不明者総数 22252 名は、1896 年（M29）の明治三陸地震津波の死者総数 21959 名（うち行方不明 44 名）をこえる多数であった。

　物的被害は、余震、誘発地震を含めて住家全壊 121995 棟、半壊 282939 棟。原発事故を含む被害の多くは巨大津波によるもので、揺れによる被害は津波にくらべて大きくなかった。明治三陸地震津波では、家屋の流失・全半壊が 8000〜9000 戸とされているのに対し、東日本大震災では 404934 棟と 10 倍をこえている。津波が巨大で広い範囲にお

よび、内陸まで奥深く侵入したことにその要因がある。太平洋沿岸の各地で壊滅的打撃をうけた。津波は沿岸の市街地中心部までをのみこんだ。市役所などの行政機関、警察、消防署、病院などの治安・防災・医療機関など、主要な施設が被災し、被災状況の把握は困難を極めた。

　この東日本大震災は、被害のほとんどが**広域にわたる津波**によるもので、建物や構造物の倒壊や損壊、津波火災、土砂災害、地盤の液状化、長周期地震動、東京電力福島第一**原子力発電所事故**、計画停電、多くの帰宅困難者など。我が国でかつて経験したことのない様相の災害が市民生活に影響をおよぼす**都市災害**にも見舞われた。さらに10万人以上が年単位の避難生活を余儀なくされた。

　図-6.1 には、東北地方太平洋沖地震の地震波形を示す。国土技術政策総合研究所の強震動記録（No.28）。観測所は仙台西（地盤）で、計

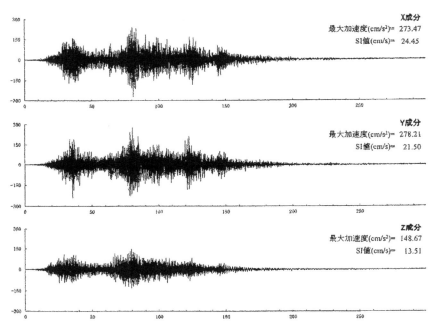

図 -6.1　東北地方太平洋沖地震の地震波形（仙台西）

測震度 5.1、3 成分最大 SI 値は 24.5、水平最大加速度は 297.4gal が記録された。この地震波形を細かく見ると、振幅の山はおよそ 7 回くらい認められる。これは、震央で破壊された断層が次々と連動して波及していった様子を示している。揺れの主要動の時間は 200sec 程度と非常に長く継続している。

東北地方太平洋沖地震は、未知の領域の規模の大きさで、869 年（貞観 11）の貞観の三陸沖地震と 1896 年（M29）の明治三陸地震津波が合わさって来襲した規模であった。**貞観の三陸沖地震**は、プレート境界の深部を震源とするため、緩やかな高い波高の津波を発生させ、内陸奥深くまで侵入する性質をもった波を発生させた。津波の襲来状況は『日本三大実録』で確認できる。一方、**明治三陸地震津波**は、日本海溝のすぐ近くの浅部で発生し、鋭く振幅のおおきな海面変動をおこし、大津波の発生要因となった。

新潟地震

1964 年（S39）6 月 16 日 13 時 01 分、新潟県北部沖合の日本海東縁部のプレート境界付近で震源（38.4° N 139.2° E）の深さ 34km、M7.5、最大震度 5 を記録する**逆断層型の浅発地震**が発生した。**新潟地震**である。

新潟・山形・秋田の各県を中心に被害が発生。死者 26 名、負傷者 447 名、家屋全壊 1960 戸、半壊 6640 戸、浸水 15297 戸、床上浸水約 9500 戸、火災による全焼 290 戸など。地震発生 15 分後に津波が日本海沿岸各地を襲い、最大波高は島根県岩舟で 4.9m を記録され、2m をこえる津波は震源に近い海岸に限定された。本震 16 分後に最大余震 M6.1 が 3 時間後に観測されている。

地震発生数年前から日本海沿岸では、水準測量で 10 数cm の隆起が確認されていた。この地震で、新潟市沖合の日本海に浮かぶ震源の中心域の粟島では島全体が約 1m 隆起し、西側が 1 度傾いた。

この地震は、近代化された市街地での地盤の液状化現象が注目された。新潟市、酒田市などの洪積世の低湿地で水と砂が吹きだした。新潟市内では、鉄筋コンクリートの建物 1500 棟のうち 310 棟が被害をうけた。建物自体に損傷はなったが、そのうち 2/3 が傾いたり沈下した。市内川岸町に建つ鉄筋コンクリート 4 階だての県営アパートが傾いた状況が報道されたのは多くの人のなかに記憶されている。

土木施設の被害も大きく、完成してまもない新潟市内の信濃川河口に架橋された昭和大橋が、橋脚間の 10 スパンのうち 5 スパンの橋桁が落下した。道路や河川堤防、港湾、飛行場、鉄道など、地盤の沈下、亀裂、斜面崩壊、石油備蓄タンクの火災なども発生。

この地震により、**地盤の液状化**と**構造物の耐震**について大きな関心がもたれる地震災害となった。

宮城県沖地震

1978 年（S53）6 月 12 日 17 時 14 分、宮城県牡鹿半島の東方沖の太平洋プレートの沈みこみにともなう震源（38.2° N 142.2° E）の深さ 40km、M7.4、最大震度 5 を記録する**プレート境界地震**が発生した。**宮城県沖地震**である。本震 8 分前に震源付近で M5.8 の前震があり、2 日後には M6.3 の最大余震が震源域の東端で発生。

東北地方中部の仙台市など太平洋沿岸で震度 5 を記録し、地震の揺れは北海道から近畿地方の広範におよんだ。津波は北海道から千葉県銚子にいたる太平洋沿岸で発生。震源の深さが 40km とやや深かったため津波はあまり大きくなく、仙台新港で最大波高 49cm を記録した。

被害は宮城県で多く、全体で死者 28 名（うちブロック塀などによる圧死 18 名）、負傷者 1325 名、住家全壊 1183 戸、半壊 5574 戸、道路損壊 888 カ所、山崩れ 529 カ所。

地震動による被害は当時の人口 62 万人の仙台市を直撃した。仙台の

旧市街地は被害は少なかったが、新規に開発された丘陵地帯の造成地域で被害が顕著であった。被害の特徴は、家屋の倒壊やブロック塀や門柱の下敷きになっての圧死で18名のうち16名が60歳以上の高齢者と12以下の子どもである。

　土木施設の被害の多く、都市のライフラインに重大な障害が生じ、ガス、水道、電気、鉄道など、復旧に長期の時間をようした。近代化した大都市での我が国で初めて経験した大きな地震。都市部での震災対策が問われた地震であった。この地震により、建物の耐震対策の必要性が改めて求められる契機となった。

兵庫県南部地震

　1995年（H7）1月17日05時46分、明石海峡付近で発生した横ずれ型の活断層の活動（40.4° N 135.0° E）にともなう深さ16km、M7.3の内陸直下型地震が発生した。兵庫県南部地震である。この震災は人的、物的被害が甚大あることから阪神淡路大震災と命名された。阪神地域から淡路島にのびる六甲－淡路島断層が活動したもの。神戸、洲本で震度6であったが、現地調査により淡路島の一部から神戸市、芦屋市、西宮市、宝塚市にかけて、震度7（家屋倒壊30%以上）の地域があることが判明。我が国ではじめて震度7が適用された。最大余震は、本震発生2時間後のM5.4。この地震により、淡路島に長さ10.5kmの野島断層が出現し、右横ずれ最大2.1m、南東側上がり最大1.4mのずれが確認された。この断層は、建設中だった明石海峡大橋の下を横ぎり、神戸側から3、4番目の橋台が西側に1.3〜1.4m移動させた。

　図-6.2には、兵庫県南部地震と東北地方太平洋沖地震の地震波形の比較を示す。兵庫県南部地震の波形は大阪ガス供給所でのNS方向で、東北地方太平洋沖地震の波形はK-NET築館観測所でのNS方向である。兵庫県南部地震は内陸直下型の地震で、地震波は短時間で収束している。

大都市の直下を襲った地震のため、震害は多くの木造家屋、鉄筋コンクリート、鉄骨構造の建物のほか、高速道路、新幹線を含む鉄道施設な

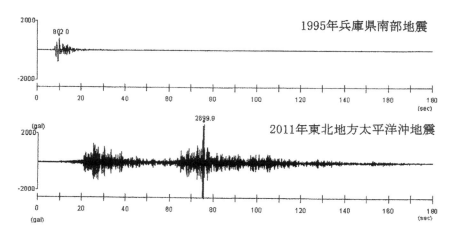

図 -6.2　兵庫県南部地震と東北地方太平洋沖地震の地震波形

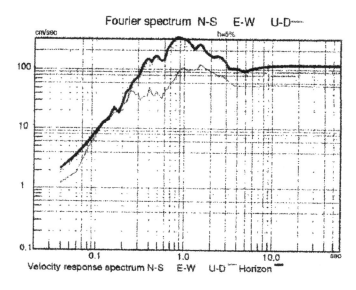

図 -6.3　兵庫県南部地震の速度応答スペクトル

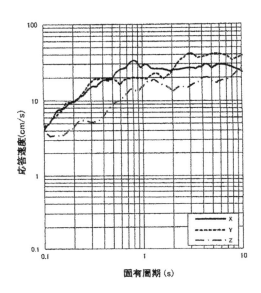

図 -6.4　宮城県太平洋沖地震の速度応答スペクトル

ども崩壊した。人的被害は、死者 6434 名、行方不明 3 名、負傷者
43792 名。物的被害は住家全壊 104906 戸、半壊 144274 戸。建物火災
は 269 件、全半焼 7132 戸など。地震発生が早朝であったため、死者の
多くは木造家屋の倒壊による圧死で 90% を占め、火災では約 8% の
559 名。

　1965（S40）年代後半ころまでに建築された建物はほぼ大破、1975
年（S50）代以降の建物の被害は少なかった。非木造の建物は中層ビル
の中間階が押し潰される被害がめだった。建築物の被害は、地震動の揺
れの大きさとともに構造物のもっている固有周期が大きく関係する。

　図 -6.3 は、兵庫県南部地震での神戸市中央区中山手で観測された速
度応答スペクトルである。地震波の固有周期のピークは、およそ 1〜
2sec の範囲で大きい。図 -6.4 には同じく東北地方太平洋沖地震での仙
台西観測所で観測されたものである。固有周期は 0.5sec 未満の波形が
多い。

兵庫県南部地震では、特に木造家屋の建物に大きく被害の大きく影響をおよぼす周期は1〜2secの地震波を多く含んでいた。この周期帯は**キラーウエーブ**と呼ばれる。このため、1965（S40）年代後半以前に建てられた木造家屋の倒壊や、中階層のビルの被害に影響を与えた地震波であった。

　一方、東北地方太平洋沖地震は0.5sec以下の周期帯を多く含む地震波で、大きく揺れたにもかかわらず、家屋の倒壊は少なく、屋根瓦の落下が広域で多く発生した。建物は津波の水理的破壊で多数被災した。

　この地震を契機に、「**地震防災対策基本法**」が制定、政府に**地震調査研究推進本部**の組織が設立された。

岩手・宮城内陸地震

　2008年（H20）6月14日08時43分、岩手・宮城県境内陸の栗駒山系の山間地を震源（39.0°N 140.9°E）とする深さ8kmの**逆断層型地殻内地震**のM7.2、最大震度6強を記録する地震が発生した。**岩手・宮城内陸地震**である。

　被害は震源域に集中し、揺れによる建物倒壊による被害は少ない。全体で死者17名、行方不明者6名、負傷者426名、住家全壊30戸、半壊146戸、土砂災害は48カ所。最大震度は奥州市と栗原市で震度6強を、栗原市で震度6弱を記録した。震源直近の一関市（防災科学技術研究所の強震観測）では、3成分合成の地震加速度4022galが記録された。この加速度の大きさは世界最大でギネスブックの認定を受けた。

　地すべりや**斜面崩壊**は全体で約3500カ所。震源地の栗駒山周辺で、山体崩壊、土砂崩れなどの土砂災害が発生。48カ所のうち15カ所で河道閉塞が発生した。特に、荒砥沢ダム付近では大規模な**山体崩壊**が発生した。崩壊土砂量は約6700万㎥で我が国最大規模の移動土塊量。崩落地の最大落差148m、土砂の水平移動量は300m以上。この崩落土砂に

よりダム湖の流入して小規模な津波が発生した。

土木施設の被害は山岳地帯の道路や橋梁で、急峻な地形条件のため復旧に長時間をようした。

文化男鹿地震

1804年（文化元）7月10日、秋田・山形県境の鳥海山火山活動にともなう M7.0 の**象潟地震**が発生した。5月より付近で鼓動があった。被害は全体で潰家 5000 戸以上、死者 300 名以上。この地震で象潟湖が隆起し、陸域あるいは沼となった著名な地震であった。

その6年後の 1810年（文化7）8月27日、秋田県男鹿半島の鮎川－払戸**断層活動**を震源（39.9°N 139.9°E）とする**内陸地震**で、その規模は M6.5。**文化男鹿地震**である。寺を含めて全潰 1003 戸、死者 57 名（63 名とも）。

菅江真澄は、この文化男鹿地震のとき男鹿に滞在し当時の状況を詳細に記録している。**菅江真澄**（1775～1829）は、江戸時代後期、故郷の三河国からみちのくを目指して旅立った。越後、秋田をへて、津軽、南部、仙台、蝦夷地、下北半島などを巡り歩いた。四八歳のとき、津軽藩を経て再度秋田領へはいり、以後、亡くなるまで領内を離れることなく県内の市町村に足を踏みこんでいる。旅先の各地で聞き書きし、数多くの記録を残している。著述は全体で約 220 冊にのぼり、その内容を分類すると、日記約 50 点、地誌約 60 点、随筆約 50 冊、雑草集約 60 冊などがあるとされている。これらを総称して『**菅江真澄遊覧記**』と呼ばれる。その内容は、民俗、歴史、地理、文学、考古、宗教、科学など多岐のわたる。スケッチ画は、当時の地域の人びとの営む生活様式に深い造詣をもって興味を示し、その様子を実写し色彩がほどこされものもあり、学術的価値は非常に高いと評価されている。

文化男鹿地震について、菅江真澄の『**男鹿の春風**』の中に記述されて

いる。5月ころから男鹿半島の東半分が鳴動し、7月中旬から群発地震が頻発している。牝鹿が鳴く時節でもなく不思議で、今季は蛍の生息はまれで、蝿もいない、と前兆現象を観察している。本震2日前の8月25日、昨夜から空模様が変わり、海は濁り、星の光も曇り、寒風山は霧が立ちこめてみえる。地震がおきると津波が押しよせてくるから危ないので、身に背負えるもを持ったほうがよいと話していた。

本震の27日、午後2時すぎ大きな地震がきた。軒・庇が傾き、人びとは戸外のとびだして逃げまどい、鳴け叫びながら病人や老人の手をとり、市籠（乳児を入れる藁製の籠）の乳児をさかさにかかえて走りまわる。壊れた家では醸ってあった酒がこぼれ、瓶子・小鉢は棚から落ちる。板は割れ、梁は音をたてて倒れおちる。立っているとふり倒され、軒端の山も崩れ落ちるありさまで、生命の危険を感じて樹にすがり、竹の林にのがれた。地震がおさまると、こやしの塚（堆肥）の上の板を敷き、仮小屋の避難場所を確保した。その後、幾度となく余震はつづいたと、その詳細が記述されている。

領民は家を失い、飢えに苦しむ惨状にあった。この被災を知った奈良喜兵衛（秋田市金足村小泉）は700俵の米を拠出。藩も米2000俵、銭8000貫をもって村民の救済にあたった。奈良家は県内屈指の豪農で、金足小泉には9代目が宝暦年間（1751～59）に建てられた旧奈良家住宅がある。秋田県の代表的な上層農家建築物として県重要文化財に指定されている。秋田県立博物館の近隣にあり一般見学できるよう解放されている。

10月には、死者追善のため寒風山南麓の梨木台に供養塔を建立し、霊をまつる供養、大施餓鬼がおこなわれた。塔には「**變死亡霊供養塔**」と刻まれた。現在、「**地震塚**」として、男鹿半島を襲った地震の供養塔や復興記念碑、冷害の飢餓による犠牲者の供養塔など五基の石碑が並んでいる。最も古いものが1810年（文化7）9月25日と刻まれた「文化男鹿地震」の供養碑である。地震による惨状を忘れないよう、その経験

を後世に伝承されるように建立された。

昭和男鹿地震

　1939 年（S14）5 月 1 日、男鹿半島中央部北方沿岸を震源域（39.9°
N　139.8° E）とする長さ 30km、幅 15km、震源の深さ 2km、M6.8 の第
1 震の**浅発地震**が発生した。その 2 分後には第 2 震の M6.7、震度 5 の
揺れの地震が発生。さらに、10 時間後の 2 日 01 時 05 分には M6.5、震
度 5 が発生。いわゆる「双子地震」「兄弟地震」と呼ばれる**昭和男鹿地
震**である。
　この地震によって、男鹿半島西部の陸地で最大 44cm 隆起した。死者
27 名、住家全壊 479 戸、軽微な津波も確認されている。公共施設も甚
大な被害をうけた。男鹿半島に通ずる幹線である船越・船川間の道路、
鉄道が不通となり遮断された。秋田県が組織した救済委員会は、飲料水
やパンを船で輸送し、救援にあたった。
　藩政時代から、領民のあいだでは「地震がくれば津波もくる、高いと
ころに逃げろ」という伝承が常識となって、あたりまえに根づいていた。
しかし、この男鹿地震で幼い少女が山へ逃げる途中、落石によって尊い
命を落とし、大きく新聞報道された。津波が軽微であったことから「地
震がきても津波はこない」、「山は危ない」というふうに変化した。その
後、地震による津波に対しての認識が大きく後退を余儀なくされた。
　日本海沿岸での地震頻度は少ない。地震による津波に対しての警戒心
は低くなり、具体的な避難行動までむすびつかなくなる。

日本海中部地震

　1983 年（S58）5 月 26 日 11 時 59 分、男鹿半島沖の**日本海東縁部の
プレート境界**付近を震源（40.4° N　139.1° E）とする深さ 14km、M7.7、

最大震度 5 の**逆断層型の浅発地震**が発生した。**日本海中部地震**である。本震 12 日前の 5 月 14 日には震源付近で最大 M5.0 の地震を含む**前震活動**があった。本震発生から 1 カ月後の 6 月 21 日には、津軽海峡沖の西側で最大余震 M7.1 が観測され、少津波が確認されている。

　この地震による被害は秋田県が最も多く、青森県、北海道がこれにつづく。人的被害は、全体で死者 104 名。負傷者 163 名。物的被害は建物全壊 934 戸、半壊 2115 戸、流出 52 戸、一部損壊 3258 戸。船沈没 255 艘、流失 451 艘、損壊 1187 艘。

　この地震で発生した大きな津波は、朝鮮半島、シベリアを含む日本海沿岸各地に襲来した。震源が陸地に近かったため、はやいところで地震発生から **7 分後に津波が陸地の到達**した。八峰町峰浜村では 14m、三種町八竜で 6.6m の波高が観測された。津波の到達がはやく、多くの人が逃げ遅れて犠牲となった。死者 104 名のうち 100 名は津波による。負傷者も 163 名のうち 104 名が津波による。津波の影響は広範にわたり山陰沿岸から朝鮮半島からロシアの沿海州におよんでいる。

　平野部の砂地盤の地下水の高い地域では、**液状化**による建物被害が多く、青森県車力村では建物の全壊率は 15.3%、半壊率は 19.9% に達した。

　この地震は、当初「秋田県沖地震」と呼称する予定であったが、青森県沿岸地方でも被害が多かったため「日本海中部地震」と命名された。

Ⅶ. 過去の地震から学ぶ経験知

地震発生の特徴

　地震は任意の地域でランダムに発生するわけではない。ある特定の地域でほぼ同じ規模の地震が一定間隔で繰りかえし発生する。千島海溝、宮城県沖を含む三陸沖から房総沖にかけての日本海溝、日本海東縁部、東海・南海領域を含めた南海トラフなど。海溝プレートの沈みこみによる**プレート間地震**とその周辺の**プレート内地震**。日本列島周辺は、海のプレートの太平洋、フィリピン海プレートが陸側のユーラシア、北米プレートの下に沈みこむために発生する。プレート間地震は 100〜200 年間隔で繰りかえし活動する。地震の規模が大きく、震源が浅いと巨大津波が発生する。地震の大きさは、断層活動による破壊がどこまで進行するかによって、その規模が決定される。最初に破壊がはじまる地点が**震央**。活動する断層面の延長が 30〜40km の場合は M7 クラス、100〜150 km の場合で M8 クラスが発生するといわれる。東北地方太平洋沖地震では、M9 クラスの地震で、断層面が長さ 500km、幅 200km、最大のずれは 50m 以上であった。

　列島の陸地には**第四紀断層**、いわゆる**活断層**が多数存在する。活断層の定義は、それぞれの研究分野によって異なる。地質学では、「最近の地質時代に繰りかえし活動し、将来も活動する可能性のある断層」（地震調査研究推進本部）とされている。**地質時代**のとらえ方は、過去 50 万年前、100 万年前、または第四紀のはじまる 260 万年前以降など、研

究者によって年代に幅がある。工学的には「過去12万〜13万年前のあいだに活動した痕跡がある断層」とみなすこともある。活断層は、地表で見られる「活動の痕跡」で、第四紀完新世以降の断層の痕跡である**線状模様**や段丘堆積物、崖錐の**変位**が認められるものを根拠とする。地表まで断層運動が達していない場合や未確認は認定されない。

　活断層がずれることに起因する地震の**内陸型地震**はこれに相当する。前述のとおり260年万前の第四紀以降に活動した痕跡（証拠）のある断層を含めて、数10万年前以降に繰りかえし活動し、将来も活動することが考えられる断層が「活断層」である。我が国でM7以上の地震を引きおこす可能性のある活断層帯は114カ所あるとされている。活動期間は数1000年〜数10000年と非常に長い。内陸型地震は、生活圏周辺地域で発生するため、規模が小さくても震源が浅いため局地的に大きな揺れとなり被害をあたえる影響度合は非常に大きい。都市型災害となる場合も多い。

　我が国で活火山は107カ所。活火山は「おおむね過去1万年以内に噴火した火山、現在活発な噴気活動のある火山」（火山噴火予知連絡会議）と定義されている。火山は、海溝とほぼ平行に連続的に分布している。多くの沈みこみ帯では火山分布の前線が明瞭で、その前線をつないだ線が**火山フロント**と呼ばれる。この火山フロントは、日本列島の脊梁山脈周辺に分布している。火山活動にともない地震が発生する。地震の影響は局所的で規模も小さい。火山噴火がもたらす噴石や火砕流、降下火山灰堆積物の泥流などが被害の要因となる。活動期間は数10年〜数100年単位で、プレート運動に起因する。

繰りかえされる地震

　1990年（H2）代終わりに、岩手県釜石市沖合のプレート境界で、ほぼ同じ規模の地震が繰りかえし発生していることが確認された。1957

年（S32）から 1995 年（H7）のあいだに、ほぼ同じ波形が観測された
地震（1985、1990、1995、その後 2001、2008）が繰りかえしおこって
いる。地震発生の平均間隔が 5.35 年 ± 0.53 年ときわめて規則的で、地
震の規模もほぼ一定であるという特徴があった。地震波形がそっくりの
類似性から、地震発生の繰りかえし性を重視して**繰りかえし地震**と呼ば
れる。1995 年の地震から次の地震は、99％ の確率で 2001 年中に発生
するであろうと 1999 年の時点で予測された。実際に、2001 年（H13）
11 月 13 日に予測どおりの規模と場所で発生した。

　東北地方太平洋沖地震と同規模の地震は、貞観の三陸沖地震をはじめ
過去 1000 年間で 5 回発生したとされている。『理科年表』より整理す
ると東北地方太平洋沖で M8 クラスの地震は、表 -7.1 に示すように 6
回発生している。

表 -7.1　東北地方太平洋沖で M 8 クラスの地震

発 生 年	地 震 名	M	3.11 地震を基準
869 年（貞観 11）	貞観三陸沖	8.3	1142 年前
1611 年（慶長 16）	慶長三陸沖	8.1	400 年前
1793 年（寛政 5）	―	8.1	218 年前
1896 年（M 29）	明治三陸地震津波	8.2	115 年前
1933 年（S 8）	昭和三陸沖	8.1	78 年前
2011 年（H 23）	東北地方太平洋沖	9.0	0 年

　1793 年（寛政 5）の太平洋沖の地震は、被害記録がほとんど残って
いない。『理科年表』によれば、1793 年（寛政 5）2 月 17 日、震源は
38.2°N 144.0E で M8.2。陸前・陸中・磐城が被害を受ける。仙台領内
で家屋破損 1 千余、死者 12 名。沿岸に津波が来て、全体で家潰流失
1730 余、船流破 33、死 44 以上。余震多かった。宮城県沖の巨大地震
と考えられる、と記載されている。太平洋沿岸での巨大津波が襲来した
史実である。

東北地方太平洋沖では、おおむね200年周期でM8クラスの地震が発生し、巨大津波が襲来している。記録が多く残る近年では、おおむね100年周期で発生している。測地学や地質学、地震学のタイムスケールは非常に長い。数10000年、数1000年、数100年単位の尺度で考える。数100年はごく最近の時間単位であり、我々の日常生活の時間単位とは次元の異なる尺度である。地震学などでは数10年は、時差の範囲でしかない。

　明治三陸地震津波は、プレート境界の**低角逆断層型の津波地震**。通常の地震よりゆっくりと断層がずれて揺れは小さかったが、地震の規模はM8.2の海溝型巨大地震であった。それから37年後、**昭和三陸沖地震**が発生した。この地震は、三陸沖の日本海溝の海側（沖側）のごく浅いところを震源に、**アウターライズの正断層地震**。その規模も明治三陸地震津波と同規模のM8.0で、正断層地震としては現在知られているものとして最大規模の大きさであった。

　プレート境界の低角逆断層型の海溝型巨大地震のあと、アウターライズの正断層地震が発生しやすいことが最近解明されている。これは、海溝にひきずりこまれるプレートにより、引張力がアウターライズ表面にまでおよぶ。この引張力が、より正断層地震を発生しやすくなると考えられている。

　東北地方太平洋沖地震は低角逆断層の海溝型巨大地震であった。今後、近い将来にアウターライズの正断層地震がおこる可能性が十分にある、ということを想定しておくことを過去の歴史の事実として受けとめなければならない。

　また、三陸沖〜宮城県沖〜房総沖の東日本太平洋沖を震源とする巨大地震は、歴史的にみて関東、南海、東南海と連動しているようだ。これを表-7.2に示す。それぞれの連動は10〜20年前後でおこっている。

表 -7.2 東北地方太平洋沖を震源として連動した地震

東北地方太平洋側 の M8 以上の地震	首都圏付近 の地震	西日本付近 の地震
869 年(貞観 11)　① 貞観三陸沖　M8.3	878 年　相模・武蔵 ①から 9 年後 M7.4	887 年　仁和①から 18 年後　M8.0 〜 8.5
1611 年(慶長 16)　② 慶長三陸沖　M8.1	1615 年　江戸 ②から 4 年後 M6.1	1605 年　慶長　②の 6 年前　M7.9 〜 8.0
1896 年 （M 29)　③ 明治三陸　M8.2	1894 年　明治東京 ③から 2 年前 M7.0	－
1933 年 （S 8)　④ 昭和三陸沖　M8.1	1923 年　関東大震災 ④の 10 年前 M7.9	1944 〜 46 年東南海 ・南海 ④から 11 〜 13 年後 M7.9 〜 8.0

長期予測の限界

　地震学は、この 50 年間で飛躍的な進歩をとげている。我が国では、世界最高水準の高密度地震観測網が整備されている。深さ 30km 付近で発生する周期 0.5sec から数 sec の低周波の観測網が整備された。1995年（H7）の兵庫県南部地震の発生を契機に、**高感度地震観測網**として、約 800 カ所の観測点が 20km 程度の間隔で地震計が配置された。短周期から長周期までカバーする**広帯域地震計**も開発された。微少地震波の観測、地震発生時の短周期から実体波の長周期成分まで把握可能となり、地球内部から伝わる実体波などから、地震の震源や断層破壊メカニズム、地震の規模を解析するデータを与えてくれる。GPS 観測、「ひずみ計」の常時観測など、監視体制も確立されている。

　しかし、測地学や地震学は地球表面の循環系の現象が相手であり、未知の要素が多く実体解明されていない部分もまだおおい。地震発生に影響を与える要素は、プレートや断層に蓄積されたひずみエネルギー、岩石の強度、地下水、温度と圧力など複雑に絡みあう。

地震は、規則的に発生する物理現象としてとらえる立場と、不規則で予測不能な物理現象であるという、二つの考え方がある。

　前者の地震現象は、同じ場所で、ほぼ同じ規模の大きさで、一定の間隔で繰りかえすという**固有地震説**の考え方。地震の長期予測はこの考え方にもとづいている。つまり、過去の地震発生の履歴から、発生間隔と直前におこった時期がわかっていれば、将来の地震の発生確率を算出できるという考え方である。

　今村明恒（1870～1948）は、震災予防調査会がまとめた過去の地震記録から、関東地方では周期的に大地震がおこると警告した。震災対策の必要性を訴える記事を雑誌に寄稿した。この記事はセンセーショナルに取りあげられ、大きな社会問題になった。上司であった**大森房吉**（1868～1923）から世情を騒がせる浮説と指摘され「ホラ吹きの今村」と中傷された。しかし、1923年（T12）に関東地震（関東大震災）が発生し、今村明恒の警鐘は現実のものとなった。その後、関東地震を予知した地震研究者として「地震の神様」と讃えられるようになった人物である。

　また、1925年（T14）5月の「但馬地震」（M6.8）、1927年（S2）3月の「北丹後地震」（M7.3）が発生し、次の大地震は南海地震と考えた。予想どおり、1944年（S19）12月に「東南海地震」（M7.9）が、1946年（S21）12月に「南海地震」（M8.0）が発生した。地震後に南海地震を警告したものの、被害を軽減できなかった。1944年（S19）の「東南海地震」が発生した際には、内務省陸地測量部が掛川～御前崎の水準測量をおこない、地震前日に御前崎が隆起する動きが確認されている。この測量は今村明恒のはたらきかけによるものであった。これが現在、東海地震の発生直前の地震予知の可能性の根拠とされている。

　今村明恒は、鹿児島県薩摩藩士今村明清の三男として誕生。鹿児島高等中学造士館を経て、第一高等中校（現東京大学教養学部）、1891年（M24）に帝国大学理科大学（現東京大学理学部）物理学科に進学。大学院に進み地震学講座にはいり、そのまま講座助教授となる。1896年

（M29）の明治三陸地震津波を期に、1899年（M32）に津波は海底の地殻変動に起因することを提唱する論文を発表。1905年（M38）に理学博士の学位が授与される。1923年（T12）に亡くなった大森房吉のあとをついで地震学講座の教授となる。

　政府の**地震調査研究推進本部**では、2003年（H15）に宮城県沖地震の長期予測として、「M7.4程度の地震が今後30年間に99%の確率で発生する」として注意を呼びかけた。この算出根拠は、1793年（寛政5）以降の約200年間に発生した6回の地震を「宮城県沖地震」とする「固有地震説」を前提としている。平均37年間隔でM7.4程度の地震が発生しているとし、前回の地震が1978年（S53）で、その前が1936年（S11）の地震であった。M7.4の規模の地震は、ブロック塀が倒れて圧死者18名をだした都市型災害の1978年（S53）の「宮城県沖地震」の大きさを想定した。実際に2005年（H17）8月にM7.2の地震が宮城県沖で発生している。翌日開催された**地震調査委員会**では、「今回の地震は宮城県沖地震の想定震源域の一部が破壊したものの、地震の規模が小さいこと、及び余震分布や地震波から推定された破壊領域が想定震源域全体に及んでいないことから、地震調査委員会が想定している宮城県沖ではないと考えられる」と評価した。2005（H17）年の宮城県沖地震で壊れ残ったとされる領域がいつ壊れるか注目された。壊れ残りの領域は2011年（H23）の東北地方太平洋沖地震により破壊された。宮城県沖地震の長期予測について、科学的な判断で一定のルールで評価することは必要であったが、実際には宮城県沖から三陸沖、茨城県沖まで連動する巨大地震となった。地震というデータの不確定さと未知の要素が多い学問的背景を無視した本質的でないルールで評価したのではないかという教訓から、2011年（H23）以降、地震調査研究推進本部では、長期評価で地震発生予測手法の見なおしをおこなっている。

　過去の地震履歴から固有地震説でよかったのか、現在は、最大規模な宮城県沖地震は三陸沖から宮城県沖、茨城県沖まで一体の震源域として

とらえられた。2019 年（H31）2 月 26 日発表した同推進本部地震調査委員会は、宮城県沖について「今後 30 年以内の発生確率が M7.9 クラスで 20%、M7.5 で 90%」と予測している。

　地震学と市民レベルの時間感覚には大きな差がある。地震学での 10 年の差は問題にならないが、30 年でも短い時間の誤差の範囲ととらえている。「今後 30 年以内に発生する確率が M7.9 クラスで 20%」という値は、30 年間に交通事故で負傷する確率 15% より高い。確率がやや高いと分類される 0.1〜3% は、火災で罹災する確率で 1.1%、大雨や台風で罹災する確率 0.3% など、各種保険での保障額算定の基礎となる日常生活の確率と比較しても、決して低い確率ではない。今後 30 年以内というタイムスケールは、明日でもおかしくない時間帯である。

記憶の伝承

　古くからの言い伝えなど、過去の記憶を掘りおこして生活周辺や地域の歴史を見つめなおそう。世代間をこえて継承された民間信仰や地域社会で培われた**集団的記憶**の経験知の重要性が論じはじめられている。このような認識の知識体系が**民俗知**と呼ばれる。

　過去の地域の歴史的背景、生活習慣、災害の経験などの記憶は、伝承というかたちで語りつがれていく。大地に刻まれた地名は、その地域の文化財で風土そのものの具現である。地形の成りたちや災害などは伝説や民話のかたちで語りつがれる。また、記録としての古文書、記念碑や慰霊碑、生活周辺の年中行事や信仰も後世に伝承されていく。地震、津波、火山噴火、洪水などの災害の被害についても、その経験知が民俗知として継承されていく。

　1896 年（M29）の**明治三陸地震津波**は、M8.2 の巨大地震。揺れはほとんど感じられない**津波地震**であった。地震発生 35 分後に津波は三陸沿岸に押しよせた。地震発生時刻が 19 時 32 分と夜であったことも避

難行動までいたらなかった。このため、津波により死者総数 21959 名が尊い命を失った。津波の高さは大船渡市三陸町綾里で 38.2m を記録する。この津波災害で、被災地の多くの村では高台に集団移転、分散移転して生活再建をはかっていく。

　その 37 年後の 1933 年（S8）に**昭和三陸沖地震**が発生する。M8.1 の明治三陸地震津波に匹敵する規模の地震であった。最大震度 5 と揺れは大きい。津波は地震発生後 30 分から 1 時間後に北海道から太平洋沿岸に到達する。地震発生は深夜の 2 時 31 分にもかかわらず、死者・行方不明者は 3064 名と、明治三陸地震津波の 1/7（14%）と奇蹟的に少ない。沿岸住民が大きな揺れを感じる震度 5 であったこと、**津波体験者**がおおく生存し経験がいかされて、すばやい避難行動にむすびついた。当時、沿岸住民のあいだでは、明治三陸地震津波の教訓から「地震がおこれば津波がくる。はやく、高いところに迷わず逃げる」と一刻もはやく高台に逃げるよう、災害経験知として継承され、避難行動を可能にした。

　今村明恒は、昭和三陸沖地震による被害をうけた三陸沿岸地域で、津波体験の風化させないための啓発活動の手段として、**津波災害伝承碑**の建立運動をおこなうことを提案し、各地でその重要性が認識されて実施された。また、その復興に際して津波被害を防ぐため、住民の高台移転を提案し、復興事業がおこなわれた。さらに、津波被害を防ぐには、小学校時代の**防災教育**が重要と考え、『稲むらの火』の国定教科書への掲載を訴えた。同書は、1854 年（安政元）12 月 24 日に発生した「安政南海地震」でおきた出来事をもとにした物語。地震後の津波への警戒と早期避難の重要性、人命救助のために犠牲的精神の発揮を説いた内容。小泉八雲の英語による作品を中村常蔵が翻訳したもの。これは文部省の教材公募に入選した作品であった。

　津波災害伝承碑は、明治三陸地震津波や昭和三陸沖地震の津波を忘れ去られないよう沿岸各地に建立されている。

　宮古市重茂姉吉では、建立年代は不明であるが

高き住居は　児孫の知楽

　　　想へ惨禍の　大津浪

　　　此処より下に　家を建てるな

と刻まれ、明治29年（1896）にも昭和8年（1933）にも大津浪は此処
まで來て部落は全滅した。生存者僅かに前（明治三陸地震津波）二人、
後（昭和三陸沖地震）に四人のみ、幾歳経るとも用心せねばならぬ、と
その惨状を後世に伝承している。そして、過去の津波被害で家屋が流失
した土地には家を建てないよう戒める内容である。

　陸前高田市は、市役所を含めて市街地中心部が東北地方太平洋沖地震
の津波でのみこまれ、壊滅的打撃をうけた。明治三陸地震津波でも同規
模の被災をうけている。この津波被害を忘れないように「津波災害伝承
碑」が建立された。石碑は漢文で刻まれている。その大意は

　　　この石碑はいつかなくなる

　　　しかし、この恨みを決して忘れてはならない

　　　たとえ、文字が風雪により摩滅しようとも

　　　明治29年6月15日の津波被害を

　　　昔からの言い伝えとして子孫に伝承しなければならない

とある。また、同市気仙町字湊では、昭和三陸沖地震後の1934年（S9）
3月に建立され

　　　一．不時の津浪に不断の用心

　　　一．地震の後どんと鳴ったら津浪と思へ

　　　一．地震の後潮が退いたら警鐘を打て

　　　一．大津浪三四十年後に又來る

　　　一．津浪來きたなら直ぐ逃げろ

　　　一．金品より生命

とある。各地に残る津波災害伝承碑の内容は、「地震がおきれば津波が
くる」「地震がなくても潮汐が異常に引き潮になったら津波がくる」「海
水面が引き潮のときはただちに避難する」、「遠く逃げても津浪に追いつ

かれる」、「躊躇なく高い所に逃げる」、「津波は周期的に生起する」など、共通する教訓が刻まれている。1930年（S5）建立された山田町船越の石碑には「県指定の住宅適地より低い所へ家を建てるな」と津波伝承の教訓と生活再建、復興の留意点の内容も刻まれている。

　この昭和三陸沖地震の津波災害を受けて防災対策として、三陸沿岸の各市町村では、集落の移転、防潮堤、防潮林、避難路の確保の整備など本格的な防災対策を実施する契機となった。

　その78年後の2011年（H23）に**東北地方太平洋沖地震**（東日本大震災）が発生する。M9.0、最大震度7の我が国で生起した最大規模の巨大地震であった。東日本大震災では、2019年3月現在で人的被害は、死者総数19689名（震災関連死約3700名を含む）、行方不明者2563名で合計22252名。身元が確認された死者の90.5%が溺死であった。この人的被災は、明治三陸地震津波の死者総数21959名をうわまわるもので、1923年9月に発生した**関東地震**（関東大震災）のM7.9、最大震度7（推定）で被災した死者105385名に次ぐものであった。

　津波の高さについては、明治三陸地震津波では綾里で38.2m、昭和三陸沖地震で28.7m、1960年（S35）5月のチリ地震津波など各地で津波観測の記録が残っている。津波で被災した経験をもつ常襲地帯の三陸沿岸地域では、「**津波てんでんこ**」の伝承は根づいていたが、一部地域では具体的な避難行動まで結びつかず、その教訓が生かされなかった。

　この震災で、過去の歴史的な貞観・慶長の地震、最近の明治三陸地震津波や昭和三陸沖地震の**史実**や津波の**波高実績**について、科学技術の分野で謙虚に受けとめて防災対策に十分考慮されていたのかという反省の動きがあった。また、地震発生の予測方法が適切であったのか、再評価と検証が進めら、長期予測が再検討された。

伝承の変質

東北地方の日本海側は、太平洋側にくらべて海溝プレート型地震の頻度は極めて少ない。むしろ内陸直下型の地震が多い。このため、地震発生時の津波にたいする認識や警戒心は三陸地方沿岸より低い傾向にある。

1810年（文化7）に**文化男鹿地震**が発生した。この地震は活断層の鮎川－払戸断層活動にともなう内陸地震で、地震の規模はM6.5。当時、領民のあいだでは「**地震がくると津波もくる。高いところに逃げろ**」という伝承が常識として根づいていた。後世に地震被害を伝承するため、地震発生から2カ月後には、死者追善のために供養塔を建立し、霊をまつる供養などもおこなわれた。後世に末永く忘れ去られることのないように伝承しようとする意識がうかがえる。この慰霊碑は、現在、男鹿半島寒風山南斜面中腹の**地震塚**の中にあり、後世に伝承されるよう、飢餓による犠牲者の供養塔など5基の石碑とともに並んでいる。

1939年（S14）5月1日から2日にかけて、「双子地震、兄弟地震」と呼ばれる**昭和男鹿地震**が発生した。この地震で、幼い少女が高台の山へ避難する途中、落石によって命を落としたことがセンセーショナルに新聞報道された。津波が軽微であったこともあり、これが契機となって時代が経過するにしたがい「**地震がきても津波はこない**」。「**山は危ない**」と藩政時代からの**津波伝承は変質**し、逆転してしまった。

1983年（S58）年5月26日11時59分、M7.7、最大震度5の**日本海中部地震**が発生した。この地震により死者104名のうち100名が、負傷者163名のうち104名が津波で被災した。震源が陸地に近く、地震発生後、はやいところではわずか3分で津波が到達した。秋田県内での犠牲者は83名。そのうち95%の79名が津波による。能代市で火力発電所の用地造成工事や能代港の防波堤工事の従事者36名。男鹿半島に社会見学で遠足中の旧合川南小学校の児童が加茂青砂海岸に立ちより、

昼食中だった13名が犠牲となる。能代港周辺で犠牲になった36名を慰霊する「日本海中部地震大津波殉難者慰霊碑」が能代港に、男鹿市加茂青砂には「地震津波殉難の碑」が建立された。また、磯浜や防波堤の突堤での釣り人なども津波にのみこまれた。男鹿半島への津波の第一波は、00時08分に到達した。津波の威力はすさまじい波力で襲ってくる。高さ1mをこえると家屋に被害をあたえる。50cmでも自動車は流される威力がある。

地元民の古くからの津波伝承が忘れさられて根づいていなかった。このため、すばやい避難行動にまでむすびついておらず、多くの犠牲者をだした。日本海沿岸では津波が到達する時間は、太平洋沿岸のくらべて極めて短い時間で襲来する特徴がある。

民話・伝説から読み解く自然災害

その地域での自然災害の歴史的な史実を、民話・伝説のかたちで伝承している事例が多数みられる。

その一例を紹介したい。拙著『**北緯四〇度の秋田学**』（無明舎出版、2020年（R3）2月）から、その要旨を以下抜粋した。

地域の自然環境・風土・歴史・文化などを理解するうえで、地域学という新たな視点から、地震、津波、火山噴火、洪水などの自然災害の歴史を読み解くことができる。

地域学の概念は、身近な地域を地理、地形などの地勢、気候や動植物などの自然環境、それらの背景として育まれた風土や文化、歴史的な背景など、総合的に俯瞰し、多面的・重層的にとらえようとするもの。地域から地域を学ぼうという視点である。

秋田三湖物語は、十和田湖〜八郎潟〜田沢湖の三つの湖潟と、それらをつなぐ米代川、雄物川にまつわる**湖潟生成譚**の壮大で広域的な伝説。とは言うものの、秋田三湖物語は単なる伝説・民話の領域をこえ、大地

創世のプロセスが見事に物語として仕立てあげられている。八郎太郎の竜蛇を登場させ、地域の成り立ちを理解し、過去の自然災害を記憶し、地域開拓の歴史、信仰や人びとの心情、生活慣習など、物語をとおして提起している。

　その主人公は**八郎太郎**。湖沼生成譚と同工異曲の竜蛇にまつわる伝説で県内各地で語りつがれている。変身譚、異類婚姻譚など類型が共通している伝説。世界各地でみられる「水」の思想が水の支配者を竜蛇とすることに発展した神話伝説の変形で、大湖の主を竜蛇とした原始的な考え方がその底流にある。

　十和田湖の主となる**南祖坊**は奇蹟伝説を残し、八郎太郎による八郎潟の潟生成譚、永遠に失われない若さと美を求めて蛇身となった田沢湖の**辰子姫**。伝説の諸相や特異性は時代とともに複雑に絡みあって変化した。その背景には、火山噴火、地震、津波、洪水被害など自然に対する畏敬、地形の成りたち、神仏習合による神祇信仰と神話の意味づけ、仏教の儀礼や民間信仰の進展、僧侶や修験者の勢力争いなどが見え隠れする。先人の私たちから続く未来世代へのメッセージでもある。

　十和田湖の原形の外縁は、約25000年前の大不動噴火、約13000年前の八戸噴火による陥没カルデラの形成。東湖や西湖はこの時期に形成された一部。さらに、約1万年前にカルデラ南東部の噴火によってカルデラ内部に五色岩火山が形成され、6200年前の中掫噴火によって河口壁が崩壊。第一カルデラに湖水が流入して中湖が誕生した大型の二重カルデラ湖である。十和田湖は水深326.8m。最後の噴火活動は、915年（延喜15）の大噴火。**十和田火山最新噴火**と呼ばれる。この大噴火は、過去2000年間で日本国内でおきた最大規模の火山活動。この噴火活動によって軽石を含む火山灰が多量に秋田県北部を中心に噴出・降下・堆積した。

　かつて、**八郎潟**は琵琶湖に次ぐ我が国で二番目の広い面積をもつ湖沼で、潟湖としては最大の面積を有していた。淡水と海水が混じり合う生

態系豊かな汽水湖。縄文晩期の縄文海進の時代、男鹿島と本土陸域のあいだは海域で分断されていた。島が陸とつづく半島となった男鹿半島は、雄物川と米代川から供給された土砂の砂州が発達して結びつけられた**複式陸繋**。海域だった大部分は潟として残った。これが八郎潟。天然の排水路が南北に形成されるまでは、潟の水位は高く浅内沼（能代市）や男潟・女潟（秋田市金足）などはその名残。戦後、食料増産の国策による干拓事業で、周囲堤構築と潟湖内の排水により、中央干拓地と周辺干拓地が陸化され、残存湖が残った。残存湖（調整池）の「八郎湖」は、干拓地や周辺農地の水源であり、干拓事業で縮小したものの、まだ、全国18位の広さ。防潮水門の設置によって海域と遮断されて、汽水潟は淡水湖となった。

　田沢湖は円形状の深い陥没湖。最大水深は、425.5mで我が国で最も深い。湖面の標高が250mであるから、湖底は海水面より低い。田沢湖は、駒ケ岳などの火山地帯に位置する。湖岸の東側に露頭する凝灰岩類は、新第三紀中新世後期から鮮新世前期（700万年前〜200万年前）湖成層の地層が分布。この時期に火山性の陥没があって、生保内から西木村にかけての広範囲の湖が形成された。この中は亜炭を含む第四紀更新世（200万年前ころ）の湖成層が分布。現在の田沢湖は、古くからの陥没地帯の中で、180万年前〜140万年前ころに**爆発的噴火により陥没**したカルデラ湖。田沢湖の容積分の火山噴出物が付近には存在せず、どこにいったのか不明で解明されていない。地形・地質学上、不可思議な現象の一つとされている。

　草木（鹿角市）に住む八郎太郎は、その血筋から身の丈6尺の大柄で、力万人に勝り鬼にも似た風貌の強面。八郎太郎は、濁川の三治、婦多渡の喜藤の三人で筑紫森と赤倉尾の大嶽の間の山中で、昼夜にわったて栶（まだ）の樹皮剥き作業をおこなっていた。当日は、八郎太郎が炊事当番。大きなイワナを三匹つかまえて、食べてしまう。喉の乾くこと限りなく水を飲み続ける。身体は肥え手足は太り、目は光り、口は広がり、もは

や人間の姿ではなかった。こうして、竜蛇に変身した八郎太郎は、永遠の住み場を求めて旅立つのである。

33尺もの竜蛇になった八郎太郎は、十和田山頂に自らの住みかとして十和田湖をつくり、美しいこの湖の主となった。

南祖坊という修行僧は、悩める人びとを救うことを願って諸国を巡り歩き、紀州熊野（和歌山県）で修行した。神のお告げを受けて鉄の草鞋を授かった。「これを履いて諸国で修行し、草鞋の鼻緒が切れたところを永遠の住みかにせよ」という。鉄の草鞋の鼻緒が切れたところが十和田湖であった。

十和田湖の先住の主である八郎太郎に対し、南祖坊は住みかを求めて戦を挑んだ。七日七晩の激闘。その格闘は、

> 二頭の竜蛇は、万雷が一時に落ちたかと思うほどの大声をあげ、雲を呼び、霧をまき、大地を揺るがし、湖面に大波たたせ、山は崩れ、お互いに火をふきかけ、岩の裂け目からは火がふき、流血になり、湖面は真っ赤になった

という。互いに秘術と法力を尽くしての壮絶な激闘。南祖坊が掲げた法華経の文字が無数の矢となって八郎太郎に突き刺さり、深手の傷をおった。八郎太郎は敗北し、十和田湖を奪われ、立ち去った。

十和田湖の主となった南祖坊の青龍大権現は、激闘で血に染まった赤岩の呪いで、湖水には一匹の魚も住み着かなかった。いわゆる魚忌みの伝説で、湖畔では魚という言葉を口にすれば、神罰があって慎んだという。

十和田湖で南祖坊との激闘で敗北した八郎太郎は、やむなく次ぎの住みかを求めて旅をする。第二の住みかとして三戸（青森県）盆地に目をつけるが、地元の神々との戦に敗れて逃走する。米代川を下り、たどり着いたのが周囲が山々に囲まれた花輪盆地。

盆地の中で唯一、山が途切れている場所がある。鹿角市十和田末広と同市十和田瀬田石にまたがる狭窄部。男神山と女神山の狭い断崖をぬう

ようにして流れる米代川本流に小坂川と大湯川が合流している。この狭まった両岸の男神山と女神山が切り立っている間を堰き止めれば、花輪盆地は大きな湖となり、ここを安住の地にしようと考えた。この谷間に、毛馬内富士と呼ばれる茂谷山（標高361.9m）をかついで運び、堰き止めようと画策する。

　地域の神々は八郎太郎の画策に驚き、対抗措置をとる。神々が集まり、「大評定」を開いたとされる十和田大湯（鹿角市）字集宮に集宮神社がある。地域に祀られている四三ケ所の稲荷神が集まって評定した。八郎太郎を追いだすことに評議一決。一大闘争が展開される。ただ、八幡平五ノ宮の稲荷神だけは参戦しなかった。湖ができても沈むことがないというのがその理由。八郎太郎と結集した神々は、大湯川を挟ん巨石を投げあい、稲荷神が勝利する。八郎太郎は花輪盆地での住みかをあきらめ、この地を去る。

　さらに米代川をくだり、たどり着いたのが能代市二ツ井町。まわりの景色があまりにも美しく、またも絶好の地形条件が整っている。米代川中流部の両岸に山が迫っている狭窄部。右岸は加護山、左岸は七座山。この場所を傷ついた身にもかかわらず、渾身の力をふり絞って川を堰き止めて湖とした。

　八（七）座山の神をはじめ地元の神々は激怒した。昔から守り続けてきた由緒ある土地を守るため、八郎太郎をなんとか追い払う方法がないのか、と天神様に相談した。そこで、力くらべで勝負してみてはどうか、という評議となる。八座山の岩を遠くまで投げたものが勝者で、敗者がここから立ち去ることにした。勝負は地元住民から厚い崇敬を集める天神様の岩が遠くまで投げられ、力自慢でまさった。山が一つなくなって七座山になったという。

　八郎太郎は、ここも去らねばならない。そこで、天神様は八郎太郎に米代川を下って海にでれば、男鹿島との間に広い土地があり、そこを住みかにすることを提案。しかし、米代川の水量では浅すぎて大蛇の八郎

太郎は前に進むことはできない。天神様は、神のつかいで家来である白ネズミたちに堰き止めた堤に穴をあけて崩壊させ、大洪水をおこしてその流れにのって行くようにすすめた。勢いよく流れ下る水と一緒に八郎太郎はここ八座山をたちさった。

　七座天神様のすすめで米代川を下り海にでて、米代川・雄物川の河口と男鹿島のあいだにある広大な土地を永遠のすみかに、適地なここに湖をつくることになる。

　白ネズミよる堤防の切り崩しによる大洪水の流れにのって、一挙に三種町の天瀬川にたどり着く。長者の老夫婦の家に一夜の宿を求めてお願いし、宿泊する。親切に泊めてくれた老夫婦に明日早朝、ニワトリが鳴くと同時に、ここは一大湖水となって水没するので早く立ち退くよう教える。準備も十分できていないうち、「コケコッコー」と一番鶏が鳴いた。突然、山々や大地がグラグラと揺れ、裂けた割れめから水が大量に湧き出て波が押し寄せる。老夫婦は舟に乗り岸を離れようとしたが、老婆は忘れ物の麻糸のヘソ（糸巻・糸ベッチョ）を取りに家に戻る。湖水は、急速に深くなり、老婆は舟に乗れず、おぼれかかる。それを見た八郎太郎は老婆を足ですくい上げて蹴飛ばし、助かった。老婆が蹴飛されたところが三倉鼻の対岸の芦崎。一夜明けると、そこは広大な湖となり、八郎潟が誕生した。八郎太郎の永遠の住みか安住の地となり、湖の主、龍神となった。

　老婆と別れた老夫は、嘆き悲しんで暮らしたが、村人の長として慕われた。死後に湖の東岸、三倉鼻の洞窟に夫殿権現として祀られた。対岸、湖の西岸、芦崎には老婆を祀った姥婆御前神社があり、忘れ物の麻糸のヘソを手に持った老婆が御神体として祀られている。

　八郎潟は、冬季間は厚く氷結してしまうため、身を隠すかわりの住みかが必要となった。そこで目をつけたのが、男鹿市北浦西水口の一ノ目潟であった。一ノ目潟は水深がふかくて凍らないので、冬がくると一ノ目潟に移り住んだ。

この一ノ目潟、女潟には、もともと主である女神の大蛇神、女潟姫が住んでいた。冬季に通ってくる八郎太郎とは相性が悪く好きになれなかった。そこで、女潟姫は北浦の山王社の神職、武内弥五郎真康に八郎太郎を追い払うことができれば雨を降らせると約束し、頼みこんだ。武内家は、京都出身の紀氏を先祖とする弓矢の名人の血筋をひく家柄。真康が潟のほとりの三笠の松から矢を放つと、空は暗い雲が立ちこめ、突風が吹き、雷鳴がとどろいた。矢は、寒風山の上から雷鳴に乗った竜蛇、八郎太郎の左目に突き刺さった。が、八郎太郎は、その矢を投げ返し真康の左目に刺さったという。矢を放ったたたりとして、家系は以後、七代まで左目が不自由であったという。

　八郎太郎が八郎潟から女潟姫の元に通う際、途中、定宿したとされる家があった。男鹿市北浦野口の嶋宮家である。八郎太郎が手足や顔を洗ったと伝えられる井戸があった。宿先で寝姿を見ないよう忠告したが、家主が竜蛇の姿をのぞいてしまったため、それ以来、立ちよらなくなった、という。

　八郎潟を安住の地とした八郎太郎。一ノ目潟に住む女潟姫に恋をするが、相性悪く、成就することはなかった。

　田沢湖の主の辰子姫は、永遠に失われない美しさを求め、祈願して蛇身、龍神に化った若い女性だった。辰子姫は、西木村（仙北市）神成沢の生まれ。年頃になり、たぐいまれな美人であった。永遠の若さと美しさを求め、神成沢と田沢湖の中間にある大蔵観音に毎晩願掛けをする。満願成就の夜、観音様から田沢湖のほとりの泉の水を飲めば願いが叶う、というお告げを受ける。「潟頭の霊泉」といわれる泉の水を飲んだところ、異様に喉が渇き、飲みつづけた。そのため龍の姿に変身し、田沢湖の主として暮らすことになる。母は悲しみ、泣く泣く別れを告げる。辰子姫を想って、松明を水の中に投げて立ち去った。その燃え残りが魚の姿となる。これが、田沢湖の固有種のキノスリ鱒（黒鱒）、別名クニマスである、という。

八郎潟の主、八郎太郎、十和田湖の主、南祖坊は、いずれも雄蛇である。両者は田沢湖の主、辰子姫の牝蛇を妻争いをし、闘争は熾烈を極めた。南祖坊は八郎太郎を海に押し流そうと画策するが、八郎太郎は、雄物川と米白川から流れ出る土砂を運んで堤を固めて守りぬいた。一方、八郎太郎は十和田湖攻めを敢行し、南祖坊は中海の大凹地に身を潜て身を防御した。

　両者は、田沢湖の入り口で最終決戦となる。八郎太郎には八龍に化する秘術をもっており、八方からキノスリ鱒を投げつけた。南祖坊は全身に焼けどのような傷を負い、十和田湖に逃げ帰り、二度と田沢湖には姿を見せることはなかった、という。

　秋、彼岸のころ、八郎太郎は田沢湖にやって来る。そして、春、彼岸のころに八郎潟へ帰って行く。辰子姫は八郎太郎を最大限のもてなしで迎える。透明度最大級の深い湖底に招き入れ11月10日に交会し最大限の悦びを与える。その後、春彼岸まで冬眠のため同棲する。留守の間、八郎潟は結氷し、次第に水深は浅くなる一方、田沢湖は深くなっていった。八郎太郎が田沢湖から離れて帰る時、辰子姫がさざ波をたてた音楽を背負って帰り、八郎潟に入る時、琴の音色の波をたたせたという。八郎潟の稚名は「琴の海」とも呼ばれるゆえんである。

　以上が「秋田三湖物語」の大意である。十和田湖の南祖坊、八郎潟の八郎太郎、田沢湖の辰子姫が登場する。水の神の化身である神秘的な竜蛇伝説で物語が構成されている。その背景には、十和田霊山と火山噴火、米代川沿岸の盆地の形成や霊場と歴史的大洪水、男鹿島と本土の陸続きとなる半島形成や寒風山、目潟の火山噴火、八郎潟周辺の地震や津波など、修験者の威厳や勢力争いも見え隠れする。自然災害の火山噴火、地震、津波、土石流、洪水被害など、歴史上の史実をたくみに挿入されている。さらに、干ばつに苦しむ地域開発、開拓人の伝承や歴史も混在している。人生の悦びでもある恋愛について、辰子姫という美姫龍神をめぐる争いも興味をそそる。

十和田は、高山の山頂に神秘の青い湖をいだく青龍大権現を祀る神仏習合の霊山で、神の山「御山」と呼ばれ、僧侶や修験者が山岳修行した北東北地方で有数の霊山、山岳霊場であった。開山は、平安時代末期までさかのぼる。江戸時代には南部藩の保護を受け、領民の信仰登山、聖地巡礼などで賑わった。

　人里離れ、訪れることもままならない奥深い高峻な山岳は、神仏習合による山岳仏教と霊山信仰の対象地であった。十和田湖周辺の山岳の山々や湖水は、俗界から隔絶された清浄で霊力に満ちた地で、僧侶や修験者が山岳修行する場として開山された。中世のころ修験道が全盛の時代。自然の霊力を感得し、呪術的能力を会得するため修行する行場が各所に点在している。天台宗・熊野系の修験者がになっていた。観音菩薩信仰に代表される民間信仰の進展、極楽浄土や死者の追善供養、現世利益を求めて、聖地巡礼、寺社巡礼が活発になる。

　十和田湖での八郎太郎と南祖坊の格闘の様子は、915年（延喜15）の大噴火である**十和田火山最新噴火**や陥没カルデラの形成を比喩している。また法華経が登場し、武器として南祖坊が八郎太郎を攻撃する。法華経は、本義として万人の平等とすべての生類の救済を唱える経典。法華経の文字が矢となって八郎太郎を攻撃することは、経典の教えにそむいている。これが、神仏を混同した比較的新しく創作されたとするゆえんである。

　八郎太郎が敗走し、平和で穏やかな神秘の青い湖を取り戻し、神仏習合の「霊山、霊場の十和田」として、民間信仰の聖域となった。

　花輪盆地では、地域に祀られている四三ケ所の稲荷神と一大闘争となる。男神山と女神山の間の米代川を堰き止めれば、花輪盆地は必然的に水没するしかない。盆地内の農地開発が先人の努力により進展した。ここが湖となれば死活問題となる。過去の大洪水で一時的に水没したことが見え隠れする。この地域では、五穀豊穣を願う稲荷信仰が深く根づいている。このような背景もあり、地域の神様の代表として稲荷神が登場

している。地域事情を反映したストーリーとなっている。

　鷹巣盆地が一時的ではあるが、八郎太郎が米代川を堰き止めて湖水化させたという。史実の大洪水が長く地域で語り継がれての比喩として物語に仕立てられた。その大洪水は、915年（延喜15）の十和田火山の大噴火による火山噴出物に起因した土石流をはじめ、過去幾多の大出水に見舞われている。河道閉塞の可能性の土石流。火山噴出堆積物を含んだ大洪水である。火砕流、火山泥流堆積物の土石流などは、古くから大蛇の川下りや、白髭大明神（猿田彦）が姿を変えてあらわれる。古来から地域の人々は洪水被害に悩まされ、壊滅的打撃をうけた。白ネズミの登場は、降下火山灰の堆積物が流出し、白濁した洪水の比喩ではないかと指摘できる。白濁の流れは「ダンブリ長者」伝説にもつながり、その関係性をがうかがい知ることができる。この痕跡は、洪水起源の**埋没建物遺跡**にみることができる。これは**歴史的大洪水**を比喩している。

　米代川水系には、現在まで九ケ所の埋没建物遺跡が記録または確認されている。最近では、大館市の道目木遺跡が1999年（H11）に、片貝家ノ下遺跡が2015年（H27）に発見された。本流筋で4ケ所、支流筋で5ケ所。本流筋では下流から、天神（能代市二ツ井町）、小勝田（北秋田市鷹巣町）、胡桃館（同）、道目木（大館市扇田）、支流岩瀬川筋の岩瀬（大館市田代町）、引欠川筋の真中板沢（大館市真中）、向田崖（同市向田）、大披（同大披）、片貝家ノ下（同市比内町）である。

　埋没建物遺跡が出土した位置や伴出状況には共通の特徴がある。出土地点の下流部が隆起帯の盆地出口の狭窄部で、盆地内の河床勾配は極端に緩やかである。天神・小勝田・胡桃館遺跡は、鷹巣盆地の出口の七座陸塊が隘路であり、そこに最大支流の阿仁川や藤琴川が合流している。岩瀬遺跡は、米代川と支流岩瀬川が合流し、外川原が狭窄部となっている。真中板沢・向田崖・大披・道目木・片貝家ノ下遺跡は、大館盆地の出口の横岩の田代陸塊が隘路となり、そこに長木川、犀川、引欠川などが合流している。

埋没建物遺跡で、はっきり分かっているもので、小勝田・胡桃館・真中板沢・向田崖・大披・道目木・片貝家ノ下の各遺跡は、いずれも十和田火山最新噴火による噴出物である軽石質泥流堆積物が関与した地層を介在して発見されている。十和田湖の御倉半島の先端でおきた陸上噴火であった。

　火山噴出物の軽石粒を含む礫や火山灰の堆積物が、未曾有の豪雨によって泥流状土石流となって歴史的な大洪水を引きおこした。盆地出口の狭窄部がボトルネックとなって、流下しきれずに逆流・停滞し、盆地内一帯が湖水化した。流速が遅くなった洪水流は、運搬された軽石粒や火山灰が沈降・堆積し、家屋や建物、流木を埋没させた。

　七座天神様に敗北した八郎太郎は米代川を下り、米代川・雄物川の河口と男鹿島の広大な海を永遠のすみかにする。

　男鹿半島は、かつて、海底火山活動によって形成され地殻変動で隆起した孤島であった。寒風山や目潟火山、戸賀火山は、島域になってからの火山活動。縄文晩期の縄文海進の時代、島と本土陸域の間は海域で分断されていた。島が陸と続く半島となった男鹿半島は、トンボロ現象と島が砂州によって結びつけられた複式陸繋と呼ばれる。雄物川と米代川から供給された土砂が堆積して砂州が発達。海域だった大部分は潟として残った。これが八郎潟である。八郎潟の湖潟生成譚の伝説・民話で、潟湖の誕生の形成過程と読みとれる。

　三倉鼻の夫殿権現に雨乞いするときは、他村から牡鶏をもとめ、丑三ツ時に、この洞窟の崖壁に鶏を刀で刺して鶏血を塗りつけると、必ず雨が降るという。その神事の際、鶏が鳴くことがあれば止めて再度しない。三倉鼻と芦崎では、鶏を禁忌とし、「トリは不吉」なものとして長い間、鶏肉も卵も食することはなかった。鶏を飼うとたたりがあったので、鶏肉も卵も食することはなかった。

　全国各地に鶏を忌む神が多い。これは古い神社で鶏を飼ったり、御歳神に白鶏を供える古くからの習慣があったことに関係がある。鶏は神の

占有物として、庶民の間では遠慮した習俗がその根底にある。この雨乞いの習慣が最近まで行われていた。十和田湖の魚の禁忌と通じるものがある。

八郎潟の主、八郎太郎を神として崇敬してきた湖岸の漁民は、豊漁と漁の安全を祈願する講中が十四の地域で組織されていた。漁業の衰退とともに2012年（H24）を最後に解散された。また、八郎太郎と関係の深い神社、石社、石塔、石碑など37ケ所確認されている、という。八郎太郎信仰は、潟湖全域に広がりをみせていたが、干拓事業による湖面の縮小、漁業の衰退、残存湖の水質悪化など、社会経済情勢、自然環境の変化などによって、これらの地域文化は衰退の道をたどっている。

八郎潟の湖潟生成譚、地震や洪水の災害、干ばつなどの自然現象への畏敬、湖岸の地域開発の歴史、精神文化、民俗など、多様な要素を含んでいる。

八郎太郎が八郎潟をつくるとき、「山々や大地がグラグラと揺れ、裂けた割れめから水が大量に湧き出て波が押し寄せる」と**地震**と**津波**を暗示させる。1810年（文化7）8月27日に発生した「文化男鹿地震」など、古くからこの地域での地震や津波の襲来を比喩している。

一ノ目潟に八郎太郎の霊が祀られた。祀られた祠は、1912年（M45）、真山神社に合祀され、一ノ目潟での八郎太郎の存在は次第に薄れていった。今も、山王社の宝物となっている放された矢じりは、鉾のようであると、3寸5分と9寸2分の寸法をもつ鏃を描いている。女潟姫との悲恋で、実在の人物が伝説として登場して結びつけたのは、八郎太郎の祟りをより強調し、その威厳を誇張するため。一ノ目潟で、武内弥五郎真康が弓矢を放つ伝説は、潟の形成過程に関係があるようだ。

一ノ目潟は**水蒸気爆発**による噴火で一瞬の活動で形成された。火口にあった山体の岩石は、こなごなに砕け遠くまで飛び散る。溶岩のように火口周囲には残らない。爆発の飛び散る岩石と矢じりが重なりあう。**マール**と呼ばれる火山口の潟は、底知れぬ深さで神秘的である。田沢湖の

噴火活動で、容積分の火山噴出物がどこにいったのか不明で、解明されていないことと、ある意味で通ずるものがある。

　このように、秋田三湖物語は、県内の大地創世の形成過程、火山噴火、地震、津波、洪水、干ばつなどの自然災害の史実、地域開発の歴史を巧みに挿入した伝説を民話に仕立てた物語となっている。

Ⅷ. 地震から学んだ建設技術

震害

　地震による被災は、地盤が水平・上下動の揺れによる建築物や土木構造物の損壊や倒壊、海面変動の津波襲来による水理的破壊と津波火災、住宅火災、工場火災、林野火災、洪積層の軟弱な砂地盤の液状化現象、地すべりや土砂崩れ、山体崩壊など多岐にわたる。道路、鉄道、空港など幹線施設の遮断、電気、ガス、水道、通信設備などライフラインの停止により、広範に国民生活の根幹をゆるがす事態となる。

　最近は、震源地から遠く離れた地域で「長周期地震動」により超高層ビルが10数分間にわたって揺れつづけたり、原子力発電所事故、計画停電、避難所確保の課題、多数の帰宅困難者など都市型の二次災害の様相も顕著になっている。

建築物の耐震基準

　1880年（M13）の「横浜地震」や1894年（M27）「明治東京地震」で、西洋文化を模した煉瓦造りの建造物は、我が国のような地震発生頻度の高い地域では、極端に耐震性の抵抗力が小さいとこが分かってきた。さらに、日本古来からの木造家屋の耐震性をどのように確保するのかも大きな課題であった。

　1916年（T5）〜17年（T6）、**佐野利器**は『家屋耐震構造論』を発表

する。地震のファクターとして**震度**の概念を提唱した。これは構造物を転倒させるために必要な横力の大きさを重力に対する比率で示したもので、「震度」と称した。同構造論では、建物の設計に際しては震度 0.1 を考慮すれば、材料の安全率ともに震度 3 程度まで耐え得ることができる。震度 3 は、当時 4 段階の微、弱、強、烈の「強」に相当する震度であった。

1920 年（T9）、我が国で初めての建築法規である**市街地建築物法**が制定される。1923 年（T12）の関東地震（関東大震災）の被災状況を受けて翌年に大改正された。これが原形となって 1950 年（S25）に**建築基準法**が制定される。1968 年（S43）十勝沖地震を契機に鉄筋コンクリート造建物や木造住宅の耐震性を強化する改正がおこなわれた。

1978 年（S53）の宮城県沖地震を教訓から、現在につづく 1981 年（S56）に**新耐震基準**をおりこんだ「建築基準法」が大改定された。これは、耐震設計について抜本的に見直したもの。この耐震基準以降に建てられた建築物は、1995 年（H7）の最大震度 7 を記録した阪神・淡路大震災（M7.3）では、新耐震基準で建てられた建物の 80% が被害がなく、または軽微な被害にとどまった。2011 年（H23）の東日本大震災（M9.0）は最大震度 7 でも建物の被害は非常に少なかったことで、「新耐震基準」の有効性が実証された。この新耐震基準は、次節で述べる「レベル 1 地震動」、「レベル 2 地震動」を包含した設計体系となっている。

東日本大震災では、建築物の構造本体の倒壊などの被害は少なく耐震性は確保されていたが、非構造部材についても十分な耐震対策が求められた。このため、2013 年（H25）には建築基準法施行令が改正された。脱落防止によって重大な危害を生ずるおそれのある天井（特定天井）とエレベータの耐震対策が追加された。

1995 年（H7）には**耐震改修促進法**が制定され、1981 年（S56）以前の新耐震基準でない建物については、耐震診断が義務づけられた。

耐震改修工法としては、既存の建築物にたいして

1）強度型補強；構造物の水平耐力を増加させる

　　2）靱性型補強；構造物の靱性を向上させる

　　3）免震・制震構造化；構造物に作用する地震力を低減させる

　　4）応力分散；構造物が受ける損傷の集中化を回避する

などで補強して対応する。

　2018年（H30）には耐震改修促進法に基づく国の基本方針として、南海トラフ地震防災対策推進基本計画及び首都直下型地震緊急対策推進計画などの目標を踏まえ、住宅などの耐震化率について2020年（R2）までに少なくても95%にすることを目標に、2025年（R7）までの耐震化の不十分な住宅をおおむれ解消することを目標に、耐震化の促進をはかることとしている。2013年（H25）現在、耐震化率は住宅が約82%、多数の者が利用する建築物が85%となっている。

土木構造物の耐震基準

　物部長穂は、佐野利器の「震度」の概念を発展させ、構造物の転倒のほか、滑動、回転についても言及して耐震論を展開した。

　1920年（T9）に『構造物ノ震動並ニ其ノ耐震性ニ就テ』の論文を土木学会誌第6巻4号に発表。1933年（S8）に常磐書房から『**土木耐震学**』を公刊し集大成した。土木構造物の耐震基準の基礎理論を確立し、現在までその考え方は受けつがれている。

　1995年（H7）に発生した**阪神・淡路大震災**では、橋梁など土木構造物が大きな被害をうけた。大規模な被災経験をもとに、近年の防災をめぐる社会構造の変化等を踏まえ、我が国の防災上必要とされる諸施策の基本となる**防災基本計画**が策定された。

　この中で、「地震災害対策編」では「構造物・施設等の耐震性の確保についての基本的な考え方」が示されている。その要旨は以下のとおりで、耐震対策を図るべきとしている。

1. 構造物・施設等の耐震設計にあたっては

　①. 供用期間中に1〜2回程度発生する確率をもつ一般的な地震動（**レベル1地震動**）

　②. 発生確率は低いが、直下型地震または海溝型巨大地震に起因するさらに高いレベルの地震動（**レベル2地震動**）をともに考慮の対象とする。

2. この場合、構造物・施設等は、次の各項を基本的な目標として設計する。

　①. 「レベル1地震動」に際しては機能に重大な支障が生じないこと。かつ、

　②. 「レベル2地震動」に際しても人命に重大な影響を与えないこと。

3. さらに、構造物・施設等のうち以下のものについては重要度を考慮し、レベル2地震動に際しても他の構造物・施設等に比べ耐震性能に余裕を持たせることを目指す。

　①. 一旦被災した場合に生じる機能支障が、災害応急対策活動等にとって著しい妨げとなるおそれがあるもの

　②. 地方あるいは国といった広域における経済活動等に対し著しい影響を及ぼすおそれのあるもの

　③. 多数の人々を収容する建築物等

4. なお、耐震性の確保には、上述の個々の構造物・施設等の耐震設計のほか、代替性の確保、多重化等により総合的にシステムの機能を確保することによる対策も含まれるものとする。

　このような大きな地震に対応する新たな耐震設計基準が定められた。その後、土木学会から「土木構造物の耐震基準等に関する提言」も発表された。土木構造物の種別ごとに従来の耐震基準の見直しもおこなわれ、新しい耐震基準が設定された。道路橋では、「レベル2地震動」相当では橋脚の帯鉄筋の不足や主鉄筋の段落とし段差部の「せん断破壊」が多数発生した。この規定が改定され、落橋防止構造も盛りこまれた。下水

道管渠では、下水道マンホールが地震時に浮きあがりがおこり、下水道管渠の埋め戻し材の砂の液状化の原因の対策も盛りこまれた。

　耐震設計では構造物本体の耐震性は基本的に確保される。本体設備のみならず、付帯設備、計測機器、予備発電設備などのバックアップ機能についても、十分な耐震対策を講じておくことが求められる。福島第一原子力発電所の事故は、予備発電設備の配置位置に問題はあったが、高所に配置されていれば、稼働が可能で被害が回避できる可能性があった。

津波対策

　東日本大震災での巨大津波の発生を踏まえた津波対策の方向性が示された。既存の公共・民間施設を活用しながら、防災施設の整備や避難対策などハード・ソフトの施策を柔軟に組みあわせた**多重防御**の発想にもとづく総合的な地域づくりを理念に、住民の生命・財産を守ることを目的にした法律が制定された。2011 年（H23）12 月に**津波防災地域づくりに関する法律**である。この中に津波対策の基本的考え方が示されている。

1. 「レベル 1 津波」（従来の地域防災計画で定められていた津波）に対しては、海岸堤防、河川堤防等により人命、財産を守る。

2. 「レベル 2 津波」（今回の津波も含め、その地点で想定される最大規模の津波）に対しては、特別措置を含めて住民避難を軸としたハード・ソフトの総合的な津波防災地域づくり対策をおこなう。

　海岸堤防や港湾施設の津波対策については、レベル 1 津波では構造の安全及び天端高を維持し、レベル 1 地震動をこえる津波についても被害が軽微で、地震後の津波に対しても構造の安全及び天端の維持が必要であるとし、「粘り強い構造」とするため、天端工の保護・法尻部の洗掘防止の設置、裏法勾配の緩勾配などの対策をこうじる。レベル 2 津波に対しては迅速な復旧が可能な程度の損傷にとどまるよう「粘り強い構造」

とする。

　多重防御は、施設整備では限界があり、土地利用計画も踏まえてリスクを最小限にとどめようとする考え方で、その要旨を以下に示す。

1. 津波の浸水想定区域を踏まえて、市町村は「浸水区域」を定めることができる。

　　①. 地盤の嵩上げ、教育・医療・購買施設の公益的施設の換地計画など「津波防災住宅等建設区」を定めることができる。

　　②. 津波災害警戒区域で、避難できる建築物の防災上有効な部分（備蓄倉庫等）の容積率を緩和することがきる。

　　③. 広域的に複数の市町村による「集団移転促進事業計画」を策定できる。

2. レベル2津波から、人命を守ることを目的に本来防災施設でない既存の道路、鉄道等の盛土の活用、内陸の背後市街地への津波浸水を防止・軽減する機能を有するため、開口部に護岸、閘門、胸壁を整備する場合、施設を指定できる。これらの施設には、津波せき上げ力、自動車や流木など濁流物の衝突に耐えられる構造が求められる。越流は許容しない。

3. 浸水想定区域を踏まえて、二つの警戒区域と特別警戒区域を指定できる。

　　①. 「（津波災害）警戒区域」（**イエローゾーン**）
　　　避難警戒体制を特に整備すべき区域として指定し、津波発生時に住民等に開放されるビル等を「指定避難施設」に指定できる。

　　②. 「（津波災害）特別警戒区域」（**オレンジゾーンとレッドゾーン**）
　　　津波発生の浸水により、住民の生命等に著しい危害が生ずる恐れのある区域。オレンジゾーンは開発行為の制限や建築の制限ができる。レッドゾーンは開発行為ができない区域。

耐震性能の向上

　土木構造物の耐震設計は、物部長穂が提唱した「震度法」により設計理論が確立された。これは、構造物に作用する地震時の動的な水平力を等価な静的水平力として置き換えるもの。物部長穂は、大地震のおこる地域と頻度が少ない二つの地域の地震動強度と、構造物の重要度、地盤特性に応じて設計震度を 0.10〜0.30、0.05〜0.15 とするよう提案した。

　その後、地震動強度について、1976 年（S51）に建設省総合技術開発プロジェクトの**新耐震設計法の開発**で、強震帯・中震帯・弱震帯の三つの地域に区分された。それが、新耐震設計法（案）での地域区分図としてまとめられた。そして、地震時の動的解析の照査により、より精度の向上を図ろうと 2007 年（H19）の**耐震性能照査の指針**が制定された。

　さらに、東北地方太平洋沖地震の被災状況を踏まえて、同指針が2012 年（H24）改訂された。

　東日本大震災では、東北地方から関東地方にかけて、範囲も規模も甚大な河川堤防が被災した。被災カ所は 2000 カ所をこえた。堤防機能を失う被災、河川を遡上した津波の堤防からの溢水、基礎地盤の液状化、堤防堤体の液状化、地殻変動にともなう広域的な地盤沈降など、未知の経験もあった。このため、地震時挙動を動力学的に解析する動的照査と地震の影響を静力学的に解析する静的照査により精度向上が図られるように改定された。

　具体的には、耐震性能照査の地震の影響は、構造物の重量に起因する慣性力、地震時地盤変位、地震時土圧、地震時動水圧、液状化の影響、広域な地盤沈降の影響を考慮することとしている。

　レベル 1 地震動は、供用期間中に発生する確率の高い地震動を対象とする。従来の耐震設計との連続性を確保することを考慮して、2001年（H13）の土木学会『土木構造物の耐震設計ガイドライン（案）』の

地震動を規定した。地震動は加速度応答スペクトルにもとづいて設定する。加速度応答スペクトルは、特定の地震動に対して任意の固有周期および減衰定数を持つ1自由度系の最大応答加速度として定義される。レベル1地震動の加速度応答スペクトル S は、標準加速度応答スペクトルを S_0、地域別補正係数 C_Z、減衰定数別補正係数 C_D とすると

$$S = S_0 C_Z C_D（単位は gal）\tag{式 8.1}$$

で求められる。

標準加速度応答スペクトルは、地盤種別に三区分されて求める。Ⅰ種地盤は良好な洪積地盤及び岩盤、Ⅲ種地盤は沖積地盤のうち軟弱地盤、Ⅱ種地盤はⅠ種地盤およびⅢ種地盤に属さない洪積地盤および沖積地盤である。地域別補正係数は強震帯地域で1.0、中震帯地域で0.85、弱震帯地域で0.7で補正する。減衰定数別補正係数は、減衰定数の加速度応答スペクトルを任意の定数の加速度応答スペクトルに補正するための係数である。地震動には水平成分とが含まれているが、鉛直成分は構造物に与える影響が少ないため水平成分のみ考慮することとしている。

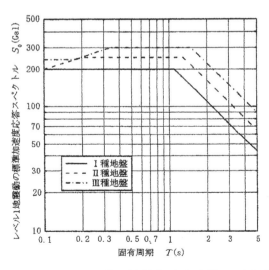

図 -8.1　レベル1地震動の標準加速度応答スペクトル S_0

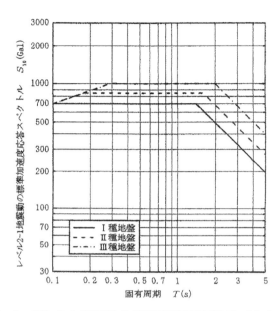

図 -8.2　レベル 2-1 地震動の標準加速度応答スペクトル S_{10}

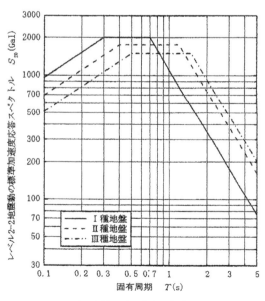

図 -8.3　レベル 2-2 地震動の標準加速度応答スペクトル S_{20}

146

レベル1地震動での耐震性能は、限界状態は原則として各部材の力学特性が弾性領域をこえない範囲内となるように求められている。一般には許容応力度以下になるように照査される。

レベル2地震動は、対象地点において、現在から将来にわたって想定される最大級の強さをもつ地震動を対象とする。地震動は振幅特性のみならず、周期特性、継続時間、繰りかえし特性などの影響をうける。このため、レベル2-1地震動は、大きな振幅が長期間繰りかえし作用する地震動。レベル2-2地震動は継続時間は短いが構造物の地震応答に対して支配的な影響をおよぼす周期帯域において極めて大きな振幅を有する地震動を対象としている。

レベル2-1地震動は、発生頻度が低い**プレート境界で発生する大規模な地震**を想定したもので、1923年（T12）の**関東大震災**の東京周辺で観測された地震動を標準加速度応答スペクトル S_{10} としている。東京周辺での最大加速度は0.3〜0.4G程度の地震動で、構造物が弾性挙動すれば応答加速度はおおむね0.7〜1G程度となる。

レベル2-2地震動は、発生頻度が極めて低いM7クラスの**内陸直下型地震**を想定したもの。1995年（H7）の**阪神・淡路大震災**の地盤上で実測された加速度強震記録を標準加速度応答スペクトル S_{20} としている。

レベル2地震動の加速度応答スペクトルは次式で求められる。

$$S_1 = C_Z C_D S_{10}（単位は gal）\tag{式 8.2}$$

$$S_2 = C_Z C_D S_{20}（単位は gal）\tag{式 8.3}$$

レベル2地震動での耐震性能は、堰柱や門柱など揺れの大きな構造物は、地震時保有水平耐力が構造物の慣性力を下回らないこと。さらに構造物の残留変位が許容変位量以下であることを照査する。

静的照査法は、レベル1地震動、レベル2-1地震動、レベル2-2地震動について、それぞれおこなうこととしている。静的照査は、地震時の動的水平力を静的荷重として評価するもの。水平力は、構造物の重量に水平震度を乗じて求められる。

レベル1地震動の水平震度K_hは、レベル1地震動の水平震度の標準値K_{h0}、地域別補正係数C_Zとし

$$K_h = C_Z K_{h0} \qquad\qquad (式 8.4)$$

として求める。

同様に、レベル2-1、2-2地震動の水平震度k_{h1}、k_{h2}、レベル2-1、2-2地震動の水平震度の標準値K_{h10}、K_{h20}構造物特性補正係数C_S、地域別補正係数C_Zとし

$$K_{h1} = C_S C_Z K_{h10} \qquad\qquad (式 8.5)$$
$$K_{h2} = C_S C_Z K_{h20} \qquad\qquad (式 8.6)$$

としてもとめる。

液状化対策

1964年（S39）の新潟地震で、近代化された市街地の新潟市、酒田市など沖積地盤で液状化現象がみられた。この地震で、構造物の耐震性もさることながら、地盤の安全性にも技術者の目がむけられる契機になった。その後、地震発生のたびに液状化現象が顕著に認められ、構造物の安全性とともに地盤の安全性について照査されることになる。

基礎地盤の砂質土層が液状化した場合、強度および支持力が低下する。液状化の判定に際しては、地質学上から土の分類のみではなく、工学的観点から土層の物性など総合的に判断することがもとめられる。

東日本大震災の被災を経験して、砂質土層の液状化の判定は、沖積層の砂質地盤について、**レベル2地震動**の地盤面での水平震度を用いておこなうことに改定された。

液状化の判定をおこなう必要がある砂質土層は、沖積層の砂質土層で、次の三条件に該当する場合に照査する。

①. 地下水位が現地地盤面から10m以内にあり、かつ、現地地盤面から20m以内の深さに存在する飽和土層

②. 細粒分含有量 FC が 35% 以下の土層、または、FC が 35% を超
   えても　塑性指数 I_P が 15 以下の土層

③. 平均粒径 D_{50} が 10mm 以下で、かつ、10% 粒径 D_{10} が 1mm 以下
   である土層

液状化の判定は、液状化に対する抵抗率 F_L が動的せん断強度比 R と
地震時せん断応力比 L の比が 1.0 以下の土層の場合、液状化するものと
みなすものとしている。

$$F_L = R/L \qquad\qquad\qquad (式 8.7)$$

東日本大震災では、広域的に地盤の液状化現象がみられた。この地震
による液状化発生カ所を**液状化判定法（F_L）**で判定した結果、次のこと
が判明した。

①. 液状化が発生したカ所で F_L 法によって「液状化しない」と判定
   したカ所はなかった。

②. 液状化しなかったカ所で F_L 法によって「液状化する」と判定さ
   れるケースが多くみられた。

このことから、「現行 F_L 法」はただちに見直す必要性は低いが、今後、
液状化判定法の高度化を目指すべきである、との見解が示された。

これまでのレベル 1 地震動を対象として想定した河川堤防の基礎地盤
への液状化対策は、この震災で一定の効果を発揮しており、基礎地盤に
対する液状化判定法は、概ね正しかったと判断された。

一方、これまで想定されていなかった河川堤防の堤体内部の液状化現
象が多数みられた。この液状化判定手法については、今後検討する必要
があり、その対策工として「ドレーン工」等を基本に対応する、との見
解が示された。

地震と地すべり

　地震動により安定していた地山が、地すべり、急傾斜地での土砂崩れ、崖崩れ、斜面崩壊などの大規模な土砂災害が発生している。

　2018 年（H30）9 月に発生した**北海道胆振東部地震**は、明治以降で我が国で最大規模の土砂災害が発生した。広い範囲で大規模な土砂崩れが発生し、崩壊面積は約 13.4㎢と推定された。崩壊面積は、1891 年（M24）10 月の**濃尾地震**（M8.0、最大震度 7）や、2004（H16）年 10 月の**新潟県中越地震**（M6.8、最大震度 6 強）をうわまわる規模であった。

　北海道胆振東部地震では、厚岸町、安平町、むかわ町では多くの住宅が倒壊し、厚岸町 36 名が死亡。とくに、厚岸町北部の吉野地区では土砂崩れにより住宅が巻きこまれて、住民 34 名のうち 19 名が亡くなった。

　斜面崩壊の原因は、台風 21 号（2 日前に関西国際空港の連絡橋にタンカーが激突）が接近し大雨をもたらしたこと。震源地付近の地質が支笏カルデラ火山噴出物の軽石が広く分布し、この層がすべり面となって、強震動により表層崩壊を引きおこした。

　東北地方でも大規模な斜面崩壊が引きおこされた地震が発生している。2008 年（H20）6 月の**岩手・宮城内陸地震**である。地震の規模は M7.2、最大震度 6 強、震源の深さ 8km の逆断層型の内陸地震があった。この地震で震源直近にあった「一関西」観測所で 4022gal の加速度が記録され、非常に揺れが大きな地震であった。

　揺れが大きいわりに建物倒壊などの被害は少なかった。栗駒山周辺で大規模な山体崩壊や土砂崩れが 48 カ所、河道閉塞が 15 カ所などの斜面災害が目だつ被災であった。荒砥沢ダム付近では、非常に大規模な山体崩壊がおこり、最大落差 148m、土砂の水平移動量は 300m で、一部はダム湖に崩落し、小さな津波の発生も確認された。

　地すべりの安定性の検討（安定解析）と地震の関係について触れてお

きたい。地すべりのすべり面の形状は、斜面の地質構造に大きく支配される。その形状は直線、円弧、またはの複合形となる。地すべりの安定解析は一般にはスウェーデン式分割法が用いられる。安定計算の精度は、すべり面の形状把握の精度と土質定数が支配的な要因となる。通常の安定解析によって求められる安全率で斜面の危険度の判定を安易におこなうべきでなく、安定解析から所定の安全率を確保することが原則である。

斜面の安全率 F_s は下式で求められる。

$$F_s = \frac{\Sigma(N-U)\tan\phi + c\Sigma l}{\Sigma T} \quad (式 \quad 8.8)$$

ここで、N：分割片の重力による法線力

T：分割片の重力による接線力

U：分割片にはたらく間隙水圧

l：分割片のすべり面長

c：すべり面のの粘着力

ϕ：すべり面の内部摩擦角

土塊の鉛直力と水平力の比、F_s が1より大きい場合は斜面は安定をたもち、1より小さい場合は不安定斜面であることを示している。

この式の意味することは、現状の斜面が土塊移動して改変されて鉛直力が小さくなる、地山の地下水位が想定した地下水面より高くなり揚圧力が増大して鉛直力が小さくなる、想定した土質定数のc、ϕ が小さい場合、安定性が減少する、ということになる。

この式で注目すべきことは、地震動による水平力が考慮されていない。これは、対象とする地山が過去に幾度となく地震を経験し、地震動による横力を受けても安定していた。想定された地下水面の上昇時に、同時に地震の発生確率は極めて低いので考慮しない、という意味にもとれる。

このように、地すべりの安定解析では地震動の水平力が考慮されていないので、降雨による地下水の上昇と地震動が重なれば、北海道胆振東部地震のように、大規模な斜面災害が発生することを学んだ。

一方、河川管理施設構造令では、ダムの構造計算に用いる設計震度について、サーチャージ水位（100年に1回の発生確率に相当する計画高水位）の場合は、設計震度は1/2に低減することができる、としている。さらに設計洪水位（おおむね200年に1回の発生確率に相当するダム計画上の最高水位）では地震力は考慮しなくてよいとしている。これは、サーチャージ水位、設計洪水位が発生し継続する状態の頻度と、地震が発生する頻度等を考慮したものと解される。

　2019年（R元）10月12日、「東日本台風」、いわゆる台風19号は、過去最強クラスの勢力をたもって伊豆半島に上陸し、本州東日本の東側を縦断した。鉄道会社の計画運休、千曲川の氾濫で長野市のJR新幹線車両基地の浸水などが被災。関東地方から東北地方でも豪雨災害に見舞われ、阿武隈川など河川の氾濫や土砂災害など、多くの爪痕を残した。

　このとき、関東地方では、河川水位が高い状態のときに震度4の地震が発生している。12日18時21分、千葉県南東沖を震源とする震源の深さ75km、M5.4の地震である。

　斜面の安定性について、地震時の水平力を考慮しなくてよいのか。さらに、土木構造物の耐震性についても、計画水位と地震発生関係について、慎重に見極めることが必要であることを投げかけた出来事であった。

Ⅸ．計画論と設計論

自然現象と災害

　自然現象の地震、津波、火山活動、洪水、土砂崩れなどと、それらが
もたらす災害は分けて考える必要がある。自然現象は、地球規模の過去
から現在、将来という時間軸の経過から、また空間的な広がりから、循
環系として見ることができる。地震や津波、火山活動は、地球を構成す
る地球内部の熱源が宇宙空間に放出することにともない、プレートを動
かし循環することに起因する。洪水や土砂崩壊は、太陽からの熱源によ
って、海洋や大気の水分が大気圏を循環することに起因する。自然現象
が、人間の生命や生活環境、社会に影響を及ぼさない場合、単なる自然
の事象でしかない。この自然現象が人為的営為に支障をきたす場合が災
害となる。過去におこった単なるこれらの自然現象でも、現在おこれば
災害となる場合がある。国土の土地利用の高度化による要因が大きい。
　このため、自然現象と災害を分けて考えている。地震の場合、自然現
象として 2011 年（H23）の巨大地震を「東北地方太平洋沖地震」、その
災害を「東日本大震災」、2019 年（R 元）の 10 月の「台風 19 号」を「令
和元年東日本台風」と呼ぶように区分している。人身や家屋、公共施設
など深刻な影響をうけた被災や教訓を後世に伝え、忘れ去られないよう
に命名される。
　自然現象は、人間の都合や希望、意図とは関係なく変動を引きおこす。
この変動による危険度を**ハザード**という。ハザードがおよぼす範囲がリ

スクであり、そのリスクの影響度合いの脆弱性が**ダメージ**である。災害による経済活動の縮小量や損失で、被害の大きさと復興の速度の尺度、回復力が**レジリエンス**である。

　ハザードの大きさは自然現象がもたらすもので、人間がコントロールすることは不可能である。しかし、そのリスクとダメージを少なくすることができるが、それには限界がある。それを最小限にくいとめる手段が**防災対策**である。しかしゼロリスクにすることはできない。そのハザードを把握し、リスクやダメージを軽減させる手段が、科学や技術の知見から引きだされる。そのために、過去の被災経験から学び、より良い方向性を模索して対策が講じられる。

　防災の面から見れば、過去の歴史的な自然現象の史実は、確実におきた結果の記録であり、軽視することなく厳格に受けとめなければならない事実の出来事である。この意味で、過去の自然災害を知ることは大きな意味をもつ。

　自然科学は、自然界でおきる真理の現象を観察と実験、それを再現するために理論で検証し、将来の予測に役立つ分野の学術である。自然科学は自然界が相手である。自然界には、まだ解明されていない人知のおよばない未知の分野が多く包含されている。理論構成する場合、ある一定の条件下でという前提で展開される。閉じた系、理想気体、断熱状態など、その前提が崩れると違った結果になることが想定される。想定される解が許容される範囲であれば問題はないので、その理論は成立する。自然科学は、このような背景や不確定要素を含んでいる理論体系であることを理解しなければならはい。地震学の分野はその典型といえよう。

　一方、**技術**は、科学で得られた知見から人為的営為に有用となるように応用される分野の工学を基礎として成立している。応用に際しては、その前提条件を十分理解しておく必要がある。その前提条件は、過去に経験したさまざまな現象を取捨選択し、ある一定の条件下のもとで将来を予測し評価する。自然界には予測される以上の事象もおきる可能性も

含んでいる。予測された結果に対して、より安全であると認識される傾向にある。これは「正常性バイアス」と呼ばれる。現実を直視することなく仮想評価すべきでない。

計画論

　構造物を構築する場合、ある想定のもとに計画される。計画された構造物を具体的にどのようなかたちで具現していくのか、その手段が設計である。つまり、計画論は予測を前提とし、設計論は力学が基本体系であり、その根底にある理論体系が異なる分野ということができる。

　計画論は、**確率統計学**の解析を基本理念としている。その一例として、河川砂防技術基準（案）の「洪水防御計画」の基本について、計画規模の決定に際しての事例をとりあげて考えてみたい。同基準（案）計画編では、

　　　計画の規模は一般には計画降雨の年超過確率で評価するものとし、その決定に当たっては、河川の重要度を重視するとともに、既往洪水による被害の実態、経済効果等を総合的に考慮して定めるものとする。

と掲載されている。その解説では、計画降雨は、降雨の量、時間分布及び地域分布の三要素によって決定されるが、計画降雨の規模は、一般に降雨量は年超過確率で評価することとする。計画降雨の規模は、計画降雨の降雨量について平均して何年に1回の割合でその値を超過するかということを示している。河川の重要度と計画の規模は、A ～ E 級に分類され、東北地方の主要河川では、おおむね超過確率年（年超過確率の逆数）は、100～200 年程度で計画されている。

　この年超過確率は、いうまでもなく確率統計学の解析で導かれる。一般的な確率統計処理は、各年の出現データから統計処理して計画年の確率で出現する値を推定し計画値とする。データが計画年数以上の場合は

問題はないが、計画年数より少ない場合は外挿法で求められるのが一般的な手法である。

　ここで、データの処理方法には二つの考え方がある。簡単に 1/100 年超過確率での事例で考えてみる。

　100 年に 1 回生起する確率であるから、100 年間の各毎年の最大値のデータを対象にして 100 個のデータ処理から推計する。各毎年の最大値であるから、100 年確率で 1 回生起する最大値であるとする考え方。あと一つは、各年最大値データには各年でバラツキやたよりがあり、大きい年もあれば小さい年もある。確率処理には、このバラツキやかたよりも考慮する必要があり、各年最大値にとらわれず、100 年間の非毎年データの上位 100 個のデータ処理から推計する考え方。どちらの確率統計処理の考え方も正解であるが、その決定は技術者の判断にゆだねられることになる。

　統計処理手法の詳細については省略するが、表 -9.1 は少流域での**毎年最大値**と**非毎年上位最大値**での 24 時間確率雨量の事例を示す。有意の差は認められないが、非毎年の上位最大値を用いたほうが、超過確率年が長くなれば大きく、短かくなれば小さな傾向を示している。統計処理手法の違いで、計画値に差が生じることになる。

表 -9.1　1/100 年確率の 24 時間雨量の比較

超過確率年	年最大値での雨量（mm）	上位最大値での雨量(mm)
100	295	302
80	285	291
50	265	269
30	243	245
10	194	193
5	162	160

　ここで、各年のデータの取り扱いについて、明らかに観測機器の不備

などから異常値として客観的に認められるものは棄却して確率処理する。悩ましいのがその判断に際して明確な理由がない場合である。確率統計学では年超過確率はある想定される函数の線上で分布するが、それが分布域から遠く離れている場合である。この判断は技術者にゆだねられることとなる。100年に1回の確率で生起することを想定するが、100年以上のデータはもちあわせていない場合がある。過去の歴史的な被災履歴や既往最大値などのデータも頭の片隅におくと、その判断材料となる。

計画論では**想定外**という概念はない。確率統計学上は想定される事象で、その事象が想定していた計画規模をこえたことであって、おきた事象が想定された事象を上まわったにすぎない。おきた事象の計画規模の設定値が適切であったのか、その妥当性が問われることになる。

治水計画では1/100年超過確率で計画されたとする。洪水被害で、今まで一度も経験したことのない出来事であった、という話をよく聞く。人生100年の時代で、確率的に人が一生に一度経験するか、しないかの規模で対策が講じられている。生活圏にはハザードとリスクが隣りあわせにあり、ゼロリスクにはできない。そのことを防災を担当する機関は周知し、理解してもらえる努力をしなければならない。

常識から説明できない事実を受けいれがたい傾向、言いかえれば通説にそぐわない事実を拒否する傾向を**センメルヴェイス反射**と呼ばれる。仮説や信念を検証する際に、個人の先入観にもとずいて、それを支持する情報を集め、反証する情報を無視したり集めない傾向。それにより自己の先入観を補強する。いったん決断すると、その後に得られた情報を決断した内容に有利に解釈する傾向が**確証バイアス**と呼ばれる。社会的帰属の誤り、記憶の誤り（虚偽記憶）など人間は犯しやすい。それが転じて、証拠事例や法的根拠の信頼性を大きくゆがめ、人間の判断と意志決定が合理的選択理論とは異なった方法でおこなわれる、基本的な統計学の誤りであることが**認知バイアス**と呼ばれる。過去の事象を予測可能であったかのようにみる傾向が**後知恵バイアス**。

津波や洪水、土砂崩壊などの自然災害、山火事や放火、テロリズムによる犯罪などといった何らかの被害が予測される状況下にあっても、自分にとって都合の悪い情報を無視したり、「自分は大丈夫」「今回は大丈夫」などと評価してしまう特性を「正常の偏見」、「恒常性バイアス」、一般には**正常性バイアス**と呼ばれる。

　確率統計学では、歴史的な古いデータや既往最大値を無視してはならない。都合の悪いデータも検証し評価することが求められる。

　防災対策の計画で東北地方太平洋沖地震では、この歴史的な史実のデータの取りあつかいが無視されていなかったのか、確率統計学の立場から計画論として妥当だったのか、課題が残された事案であった。

　計画論と設計論は混同されやすい。その一例を示しておく。常用発電設備と非常用発電設備、常用洪水吐きと非常用洪水吐きなどである。計画論では想定外の概念がないと前述した。**常用**は normal、usuary であり、**非常用**は常用に非（あらず）である。非常の emergency、contingency ではない。計画論では、**非常**の概念はない。非常用発電設備などは、その施設は想定内で計画され配置されたものであり、非常事態で運用する概念ではない。あくまで、計画範囲内の予備であり、バックアップ機能で補完し、システムの機能を維持する概念である。

　今後、地球温暖化など地球規模の気候変動で、想定される予測値が変わりつつあり、気温や降水量など、一部にその現象が顕著にみられる。確率統計処理にあたって一石を投じている。これまでの経験として、雨量の超過確率年は、1/100 から 1/200 になるとおよそ 1.17 倍となることが知られている。しかし、最近の降水量は、過去 10 カ年平均で 10% 増えている。確率統計学からの想定値は新たな段階をむかえている。

　現在まで蓄積されたデータによる確率統計処理では、将来の予測値が大きくずれて成立しない時代となっている。地球規模の気候変動や温暖化など、将来予想される「ファクター X」も考慮した手法の導入を真剣に検討しなければならない時代に到来している。

計画論の立場から、想定外という概念はないことは前述のとおりである。計画規模を超えたもので、規模の予測値そのものの妥当性が問われるものである。将来おきるさまざまな事象を想定外とうい言葉で片付けてはならない。想定外の概念は、責任を回避し技術の敗北を意味する。悪しき前例をつくってはならない。計画規模を決定する予測値は、それだけ重く責任があるということである。

　そして何よりも計画論から導かれる目標値は、目標値そのものに意味があり余裕という概念は持ちあわせていない、ということである。

設計論

　設計論は、物理学の基礎理論から応用、発展させた工学分野である。その代表例が**構造力学**の解析から応力を算定して設計が展開される。

　設計に際しては、対象とする外力に対して構造物を安全に設計する概念の「強度安全率」と想定荷重を増分する「荷重安全率」の二つの考え方がある。

　強度安全率は、作用する外力が構造物の強度に対して安全となるよう余裕をもたせた概念。許容応力度法や限界状態設計法等の考え方で、我が国の設計基準の基本となっている。これは、設計された構造物の強度の不確実さを安全率でカバーしようとするもの。コンクリートなどの強度では、施工不良、繰り返し荷重による材料の疲労や劣化、基礎地盤の強度の評価で代表値か、劣化が進み低下するのではないか、など強度に対してのある程度の余裕をもたせた概念である。

　荷重安全率は、作用する外力の荷重に対して、想定内の増分を付加して余裕をもたせたて安全となるような概念。設計に際して荷重の増分を設定する根拠はオーソライズすることが難しい。たとえば、地震動による水平力の割り増しや基礎地盤の強度低下にともなう揚圧力の増加など、この考え方が該当する。

そこで、重力式コンクリートダムの安定性を例に安全率の考え方を整理してみたい。自重によって支える構造型式の重力式コンクリートダムの安定条件は、ダム設計基準（日本大ダム会議）や河川施設等構造令によれば、

①. 転倒の条件（たおれない）

　　上流端には、ダムの上流面に直角な鉛直面内の引張応力が生じないこと

②. 滑動の条件（すべらない）

　　せん断すべりに対して安全であること

③. 最大応力度の条件（つぶれない）

　　許容圧縮応力度および許容引張応力度をこえないこと

　ただし、堤体の安定計算においては基礎岩盤の安定性についても検討するものとする。

が三大条件となっている。

　①の上流端に引張応力が生じない条件は、作用する全荷重の合成応力が計算断面の核を通るような断面形状が求められる。いわゆる Middle Third 理論で、転倒に対する安定条件であるが、他の構造物よりもより厳しい条件となっている。上流端に引張応力が生ずると、着岩部にゆるみが生じやすくなり、その間隙に貯留水が浸透して揚圧力が増大して安定条件を大きく損ねる要因となる。この基礎岩盤内のゆるみと揚圧力の関係は、長期間にわたる貯水池の水面変動による繰りかえし荷重によって問題となる。

　上下流端縁応力は、平面保持の原則による片持梁の縁応力からの最大応力度によって求められる。これを式（9.1）に示す。

$$\sigma_u = \frac{V}{B} \left(1 - \frac{6e}{B} \right) \qquad (式\ 9.1)$$

$$\sigma_d = \frac{V}{B} \left(1 + \frac{6e}{B} \right)$$

ここで　σ_u：上流端縁応力

　　　　σ_d：下流端縁応力

　　　　V　：単位幅あたりの総鉛直力

　　　　B　：底面の長さ

　　　　e　：底面中心より合力作用点までの距離

　②の滑動の条件は、具体的に Henny の式で判定される。これを式（9.2）に示す。（第Ⅰ章の図 -1.7 を参照）

$$n = \frac{fV + \tau_0 l}{H} \qquad (式\ 9.2)$$

ここで　n　：せん断摩擦安全率

　　　　V　：単位幅あたりの総鉛直力

　　　　H　：単位幅あたりの総水平力

　　　　f　：基礎岩盤の内部摩擦係数（$\tan\phi$）

　　　　τ_0：基礎岩盤の純せん断強度

　　　　l　：せん断抵抗を考える長さ（底面の長さ）

　この式で、せん断摩擦安全率は 4 以上であることが規定されている。

　③の許容圧縮応力度および許容引張応力度をこえない条件は、ダム高が 150m 以上をこえると問題になるが、通常はコンクリートの強度は十分な余裕があり、特に問題になることはない。一般に、コンクリートの配合設計では、設計基準強度よりも発熱によるひび割れ抑制や凍結融解などによる耐久性の観点から決定される。ダムコンクリートの場合、強度より発熱が重視される。ひび割れ防止から発熱を低減させるため、高炉スラグ、フライアッシュセメントなど低発熱セメントの使用や、いかにセメント量を少なくするための極貧配合設計などが主要課題となる。

また、発熱を低減させるため、ひび割れ防止の観点からコンクリート内にパイプを配管して冷水を通水したり、材料を冷却するクーリングがおこなわれることもある。

ダムの安定性に関して考慮される主な荷重は以下のとおりである。

    1）自　　重

    2）静水圧

    3）揚圧力

    4）泥　　圧

    5）地震力

    6）地震時動水圧

    7）氷　　圧

上記において、鉛直力は 1）と 3）（負）、それ以外は水平力の荷重である。そこで、水平力と鉛直力が同じ荷重であると仮定する。釣り合いの方程式は

$$H = fV + \tau_0 l \qquad (式\ 9.3)$$

となる。式（9.3）において、作用荷重は想定して正しく求めることができる。しかし、基礎岩盤の内部摩擦係数 f と純せん断強度 τ_0 は、地質調査横坑内の原位置岩盤試験で求められる。この際、岩種や岩級区分によって微妙なバラツキがあったり、原位置試験強度の試験値が代表値であるのか、あるいは実際の強度と設計値のあいだに差が生ずることが想定される。また、長期にわたる持続荷重や貯水池の水面変動で繰りかえし荷重による疲労劣化などによる強度低下など不確定要素が含まれている。このため、f と τ_0 の強度が $1/n$ になるものと仮定する。式（9.3）は

$$H = \frac{f}{n} V + \frac{\tau_0}{n} l \rightarrow nH = fV + \tau_0 l$$

$$\therefore \quad n = \frac{fV + \tau_0 l}{H} \qquad (式\ 9.4)$$

となり、Henny の式となる。ダムの安定性について、我が国では滑動に対するせん断摩擦安全率は、**強度安全率**の考え方をとっている。

このように、強度安全率は、想定している設計強度が外力に対して構造物の安全性が損なわれない考え方である。設計時の想定強度の認識不足や将来劣化する強度低下などに対して余裕を持たせた考え方。施工不良や劣化による強度低下、基礎地盤の想定強度の不確定要素や繰り返し荷重等による強度低下等が想定されている。

一方、荷重安全率は、設計荷重が想定している外力より、さらに大きな外力が作用しても構造物の安全性が損なわれない考え方。外力としては、鉛直力と水平力の二つで構成されている。鉛直力は、さらに＋（正）と－（負）がある。＋の要素の外力は、実現象として想定されやすく一般化している。一方、－の要素は、ある仮定に基づいた一定の条件下で設定されるため、揚圧力など不確定な要素も含まれる。水平力は、鉛直力にくらべて安全率に与える影響は極めて大きい。地震力もさることながら、水圧、土圧の水平力等の設定にあたっては、将来の周辺変化に対しても配慮が必要である。

ここで、地震動による水平力の増分を考えた**荷重安全率**の考え方の設計事例を紹介する。河川管理施設等構造令では、「ダムの構造計算に用いる設計震度は表 -9.2 のとおり定められている。

紹介する当該ダムは、重力式コンクリートダム。中震帯地域で設計震度 k=0.12 として構造計算を実施した。その検討経緯を表 -9.3 に示す。

当該ダムでの設計震度 k=0.12 とした拠りどころは、当時、まだ震度法による設計体系で、修正震度法や動的解析がまだ確立されていない時代にあった。確率統計処理した超過確率年 1/100 年は、内挿法での数値である。そして、設計震度 k を特に割り増す理由も見あたらなかった。

$$4 + \log \frac{1}{N} = 0.00551\,\alpha + 2.98006 + 0.06573 \qquad \text{(式 9.5)}$$

表 -9.2　ダムの構造計算に用いる設計震度

地域の区分／ダムの種類			強震帯地域	中震帯地域	弱震帯地域
1	重力式コンクリートダム		0.12	**0.12**	0.10
2	アーチ式コンクリートダム		0.24	0.24	0.20
3	フィルダム	ダムの堤体がおおむね均一の材料によるもの	0.15	0.15	0.12
		その他のもの	0.15	0.12	0.10

表 -9.3　構造計算で検討した設計震度

耐震設計法	タイプ	設計震度 k	加速度 α (gal)	考え方
震度法	I	0.12	118	工学的判断（1/40 年確率）
	II	0.19	186	1/100 年確率
	III	0.29	284	既往最大
修正震度法	I	0.12 ～ 0.24	118 ～ 235	天端で基礎地盤の2 倍の揺れ
	II	0.12 ～ 0.48	118 ～ 470	天端で基礎地盤の4 倍の揺れ

　ダムサイトでの最大加速度（α）と超過確率年（1/N）の関係は、式（9.5）となり、1/100 年確率で 186gal で設計震度に換算して k=0.19 となる。既往最大の地震は 1766 年（明和 3）の津軽地方で発生した $M7_{1/4}$ の規模で、この加速度は 1/100 年確率よりさらに大きな値となっている。

　通常の土木構造物は、主要な荷重が自重などの鉛直力であるのに対して、ダムの主荷重は静水圧の水平力であり、横方向荷重に対して強い構造物といえる。さらに、ダムの基礎地盤は少なくても第三紀かそれ以前

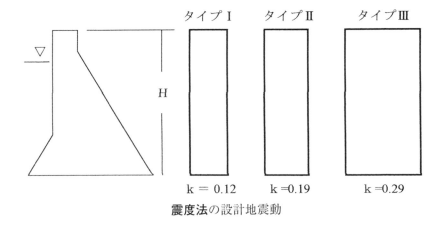

震度法の設計地震動

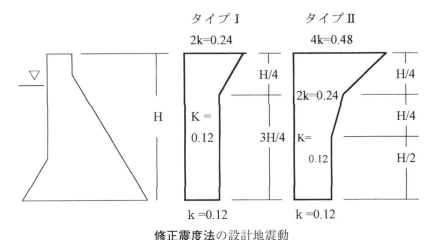

修正震度法の設計地震動

図-9.1　耐震設計の地震動の大きさ

の堅硬な岩盤に着岩されるため地盤の加速度は小さめになる。また、
Henny の式の安全率は 4 以上を確保することとしていること、地盤の
卓越周期は、堅硬な地盤や岩盤で 0.1sec であり、最大周期はその 2〜4
倍とされているが、極限値の地震周期τ=1.0sec とする、など工学的判
断から決定した。

表 -9.4　設計震度と安全率の関係

耐震設計法	タイプ	設計震度 k	加速度 α (gal)	地震動の概念	せん断摩擦安全率 (n)
震度法	I	0. 12	118	当該ダムの設計震度	4.8
	II	0. 19	186	1/100 年確率	4.4
	III	0. 29	284	既往最大	3.5
修正震度法	I	0. 12 ～ 0. 24	118 ～ 235	天端で基礎地盤の2 倍の揺れ	4.7
	II	0. 12 ～ 0. 48	118 ～ 470	天端で基礎地盤の4 倍の揺れ	4.5

　既往最大の地震動を無視できなこと、基礎地盤に対して天端で大きな揺れが生じることから、修正震度法でもどの程度の余裕があり、安全性が確保されているのか確認した。その結果を表 -9.4 に示す。

　震度法タイプIIIの既往最大地震動のせん断摩擦安全率について、どのような工学的解釈をしたのか、以下その見解について述べる。

　ダムサイトに影響を与える震源の特徴をみると、岩木山を中心とする日本海沿岸地帯で多発し、次に下北半島～八戸沿岸地帯、まれにダムサイト近傍の内陸地震が発生している。地震の観測結果から、20～30 年周期で 50gal 程度の加速度がダムサイトで期待される。既往最大の地震動は、震源の距離 L とダムサイトでの最大震度 αm から推定した加速度との関係から、最大値を包絡する片対数直線線形関係から

$$\alpha_m = - 2.15L + 340 \ (\text{gal}) \hspace{3cm} (式 9.6)$$

として推定したもので、最大加速度 284gal は、約 1/600 年超過確率に相当する。また、上式では α_m=340gal が極値を意味する。

　地震時の主要動は極めて短い。長くてもせいぜい 30～60sec と短期の荷重増分である。ダムの基礎地盤は堅硬であり、観測値の加速度より小さくなる傾向にある。地震時の水平動の増分は前掲の表 -9.3、9.4 に

166

示すとおり、せん断摩擦安全率に大きく寄与しない。構造令では、震度法タイプⅠで安全率4以上を確保するよう規定され、これを満足している。震度法タイプⅡの1/100年超過確率のk=0.19でも安全率4以上である。この対象加速度は、一般に設計される1.6倍の大きさの加速度である。さらに、基礎岩盤の接触面、あるいは岩盤内部の強度や変形性が大きく異なる場合、応力に比べて岩盤のせん断強度が不足する領域が生じることがある。構造令では、この点安全率は2以上を確保することとされているが、震度法タイプⅢのk=0.29でも2以上の点安全率であることを確認した。これらの見解から、震度法での設計震度で安全性は確保していると判断した。

　以上、荷重安全率の考え方から、地震時の水平動の荷重増分についての事例を紹介した。

　構造物の設計にあたっては、強度安全率の考え方の基本理念を認識し、現場実態を十分に考慮して設計諸定数を設定することが肝要である。

　また、設計・施工上のトラブルの発生要因は、「水」が関係していることがおおい。水は見逃さず弱線を見つけだし、確実に水平力、あるいは正または負の鉛直力として作用する。たとえば、地盤の透水係数kを考えてみた場合、k=1×10^{-3}cm/secとする。この透水係数は地盤の平均的は値である。水の流れる速さは、細かい間隙ほど速く通過するため、実際の流速は、水平・垂直方向での違いなど、速いところで1〜2オーダーほど大きいといわれている。設計諸定数の背景にある意味を理解する重要性の一例である。荷重安全率についても、将来考えられる荷重増分のケースを見極めて配慮することが求められる。

　そして、計画、設計が適切であっても、良質な品質を確保し耐久性の優れた構造物の構築が何事にも変えがたい、ということである。

防災対策

　自然災害から生活圏のリスクを最小限にとどめるため、防災対策が講じられる。施設整備で災害のハザードを低減させる、避難判断のため的確な情報を提供する、リスク回避のため避難する、被災後は早期に復興対策を講ずる、が基本的方策である。

　ハードの施設整備は防災の基本である。防潮堤、堤防やダム、遊水池、砂防ダムなどの土木構造物や各種施設で災害を防御する概念が**防災**である。人間より先に自然が存在していた。生活圏の場を徐々に広げてきたことにより、自然現象があたえる変動のハザードの影響度合いが大きく、その範囲が広くなる。防災で整備する施設は、限られた予算のなかで、費用対効果が最大限発揮できる計画であり、防災対策でゼロリスクを達成はすることはできない。安全・安心・安定な状況はつくれず、少なからずリスクはのこることになる。

　「防災」対策には限界があり**減災**の概念がある。ハードな施設整備とともに避難を判断するための的確な注意報、警報など**ソフト**な情報を提供する。ハードとソフトを組み合わせて被害を軽減する方策が減災である。高齢者、障害者など災害弱者にも優しいハートの、**ハード・ソフト・ハート**の三位一体の体制整備を確立しようとするものである。

　リスク回避するために避難するのが**退避**の概念である。緊急地震速報、避難指示、記録的短時間大雨情報、大雨特別警報、線状降水帯情報などで避難を呼びかけて人命を守る。退避には、被害の及ばない遠くまで逃げる水平退避と高いところへ逃げる垂直退避がある。

　リスクを回避するため、防潮堤、河川堤防やダムなど防災施設だけで水や土砂をコントロールするのは難しい。河川管理者など行政の取り組みだけでは限界がある。災害リスク増大に備えるには、防災担当官署の管理者の国や、自治体、企業、住民らのあらゆる関係者の参画によって

リスクを回避しようと**流域治水**の概念があらたに提起された。2019（R2）年7月に国土交通省発表が発表した「地震や巨大津波に備える防災・減災総合対策」にその考え方が示された。土砂災害など危険がある地域は開発の規制や住宅移転も促進。調整池、ビルの地下貯留施設整備。既存のため池や田んぼの貯水機能の活用。農業用、発電用の利水ダムの事前放流などを活用する。

　また、災害が発生することを前提に、あらじめ復興のために準備しておく**事前復興**の概念がある。災害後の復興時に仮設住宅の用地、集団移転地の事前準備などでコミュニティ崩壊の回避など、被災地の早期復旧や復興、再生を早期の実現しようとするもの。さらに、従来の土地利用を転換してリスクを回避するため、「復興で目指すまちづくり」の一環として、「災害リスクより低いエリアへの住居や施設の事前の移転の促進法」が2020年（R2）9月に施行された。災害発生前から準備しておく「復興事前準備」である。

　災害時の対応は、多くの人にとって初めての体験となる。各個人がいままでのさまざまな知識・経験・訓練・想像力を結集してリスク回避の行動をとる。その際、被災履歴の史実を学び、過去の災害において人々が何を見据えてどのような行動をとったのか、被災体験者の経験を学び、その知識を共有することは心強い指針となる。被災伝承の重要性はここにある。

あとがき

　地震は、なんの前ぶれもなく突然大地を揺れ動かし、人々に恐怖心を与える自然現象である。人間と自然の関係について、**寺田寅彦**（1878～1935）は雑誌『経済往来』の中で「天災と国防」と題して次のように論述している。

　　　文明が進むに従って人間は次第に自然を征服する野心を生じた。そうして天晴の自然の暴威を封じ込めたつもりになっていると、どうかした拍子に檻を破った猛獣の大群のように、自然が暴れ出して高楼を倒壊せしめて堤防を崩壊させて人命を危うくし財産を亡ぼす。この災禍を起こさせたものとの起こりは天然に反抗する人間の細工であると云うても不等ではないはずである。

　自然現象を甘くみてはならない。その変動は予測がつがず、いつ突然やってくるか分からない。防災対策で危険度を減らしてもリスクと隣りあわせは解消されない。自然現象は、過去から現在、そして未来へと継続的に自然の摂理にしたがい「循環」している。自然の猛威を人間がコントロールすることはできない。それらを事実として謙虚に受けとめなければならないことを、寺田寅彦は後世へのメッセージとして送り、戒めている。

　三陸沿岸地方は、津波発生のリスクと隣りあわせの生活の場の地域である。古くは貞観の三陸沖地震（869）、近年の明治三陸地震津波（1896）、昭和三陸沖地震（1933）、チリ地震津波（1959）、東北地方太平洋沖地震（2011）など、過去幾多の津波災害に見舞われて壊滅的打撃をうけ、その都度教訓を学び、復興をなしとげてきた。

　三陸沿岸地方には、「津波てんでんこ」という津波から避難する際の教訓が継承されている。津波災害史研究者、山下文男が訴えつづけた津

波防災の教訓である。

　山下文男（1924〜2011）は大船渡市三陸町綾里の出身。綾里は大船渡湾の地形特性から津波遡上高が大きな地域として知られている。過去には明治三陸地震津波で38.2m、昭和三陸沖地震で28.7m、東北地方太平洋沖地震で31.8mなど記録された常襲地帯。明治三陸地震津波では、山下文男の祖父母ら一族8名が溺死した。1930年（S5）〜31年（S6）連年の東北地方大凶作を、自らも昭和三陸沖地震（1933）では9歳と幼少のときに津波を体験している。

　津波てんでんこは、各自、おのおのを意味する三陸地方の方言。津波のときは、親や子もかまわず、てんでんばらばらに避難をうながす体験から学んだ教訓である。率先した避難行動は、周囲の人たちにも避難をうながし、さそい、大勢の命を救うことができる。家族全員がてんでんばらばらになっても避難して高台に登れば、そこで必ず再会できる。自らの判断で行動し、最後まで最善をつくすよう山下文男は津波体験の伝承と啓発活動に尽力した。

　山下文男は、歴史地震研究会会員として活動し、2008年（H20）に『津波てんでんこ−近代日本の津波史−』を発刊し、8つの明治以降に大きな被害をもたらした津波をとりあげている。東日本大震災の2011年3月11日の当日は陸前高田市の県立高田病院に入院中であった。3階の病室から4階に避難したが、津波の高さは首がやっとでるまで押しよせ、カーテンにしがみついて命びろいしたという。翌日、海上自衛隊により救出され、花巻市の県立東和病院に搬送された。同年12月13日、盛岡市の病院で肺炎のため、87歳の生涯をとじた。

　三陸地方には、大津波の慰霊碑、記念碑モニュメント、供養塔などの自然災害伝承碑が多数存在している。一部の地域ではきちんと伝承されていたが、結果として伝承されていない地域もあり、すばやい避難行動まで結びつかず、尊い命を落としたことも教訓として学ばなければならない。あらためて伝承の意義と重要性が再認識されている。

災害危険区域と国土面積・総人口に占める割合

災　害　名	洪　水	土　砂災　害	地　盤の揺れ	液状化	津　波	一つでも該当する地　域
面積　（km²）	5.3%	15.7%	11.7%	12.9%	5.0%	34.8%
人口　（人）	28.9%	4.9%	46.3%	44.8%	20.4%	73.7%

　科学は、自然現象の実体を解明する学術である。原理、法則、真理を見いだし人類に有用になるよう調査・研究が進められる。工学は、科学で得られた知見を応用する分野で、その基礎は数理解析をよりどころとしている。さらに工学で得られた知見を応用し具現化する手段が技術である。

　自然災害の中で、地震と津波に関する科学的な知見として、過去の各地震の特性や発生被害、それらの教訓から得られた経験知、技術的な課題や動向について述べた。また、津波被害の教訓から、先人の経験した知恵や伝承の必要性について述べた。

　科学の分野では、得られた成果を工学や技術者、防災担当者、一般市民にもわかりやすく伝達する責務をもっている。技術者は、科学で得られた成果を正しく理解し、史実にも目をむけ謙虚に向き合い、慎重に計画の立案、実効性のある設計を実施する責務をもっている。

　科学者や技術者はそれぞれの地域には、リスクと隣りあわせの場であることを啓発活動するアウトリーチをしなければならない。日本列島の災害危険区域は国土面積の34.8%（131400㎢）、全人口の74%（94420000人）が居住している。

　そして、被害を最小限にとどめ命を守るためには、先人の被災体験からの得られた経験知としての知恵や工夫を継承していくことが必要である。

　そのためには、なによりも防災意識の向上と防災教育が重要である。

参考文献

国立天文台編；『理科年表』 平成 31 年版 丸善出版 2019 年

鳥海光弘；『地球のダイナミックス』 （財）放送大学教育振興会 2010 年 3 月

川上伸一、藤井直之；『現代地球科学』 （財）放送大学教育振興会 2011 年 3 月

岡田義光；『日本の地震地図』 東京書籍（株） 2019 年 4 月

文化庁編；『日本人は大災害をどう乗り越えたのか』 朝日新聞出版 2017 年 6 月

木村学、大木勇人；『図解・プレートテクトニクス』 講談社 2018 年 3 月

中村淳一；『日本列島の下では何がおきているのか』 講談社 2018 年 10 月

金森博雄；『巨大地震の科学と防災』 朝日新聞出版 2013 年 12 月

高橋充；『東北近世の胎動』 吉川弘文館 2016 年 3 月

鈴木拓也；『三十八年戦争と蝦夷政策の転換』 吉川弘文館 2016 年 6 月

東北建設協会；『東日本大震災記録』 東北建設協会 2012 年 9 月

川村公一；『環境論ノート』 無明舎出版 1995 年 9 月

物部長穂；『貯水用重力堰堤の特性並に其合理的設計方法』 土木学会誌 1925 年
10 月

高橋裕；『国づくりのあゆみ』 オーム社 1984 年 11 月

物部長穂；『土木耐震学』 常磐書房 1933 年 9 月

建設省土木研究所；『土木研究所五十年史』 土木研究所 1972 年 11 月

寺田寅彦；『寺田寅彦全集第 10 巻』「震災日記」 岩波書店 1961 年

松本徳久、渡辺和夫；『ダムサイトにおける歴史地震調査』 土木研究所資料第 1367
号 建設省土木研究所 1978 年 2 月

川村公一；『物部長穂』 無明舎出版 1996 年 10 月

川村公一；『北緯四〇度の秋田学』 無明舎出版 2020 年 2 月

内田武志；宮本常一；『菅江真澄遊覧記 5』 平凡社 2000 年 8 月

石井正己；『菅江真澄が見た日本』 三弥井書店 2018 年 8 月

全国建設研修センター；『監理技術者必携』 令和 2 年版 全国建設研修センター
2020 年 1 月

日本河川協会；『建設省河川砂防技術基準（案）』 山海堂 1986 年 7 月

国土交通省水管理・国土保全局治水課；『河川構造物の耐震性能照査指針・解説』
国土交通省水管理・国土保全局治水課 2012 年 2 月

川村公一；『浅瀬石川ダムの基本設計』 浅瀬石川ダム工事事務所 1983 年 10 月

川村公一；『浅瀬石川ダムの細部設計』 浅瀬石川ダム工事事務所 1984 年 10 月

著者略歴

川村公一（かわむら・こういち）

1950年、秋田県能代市に生まれる。東京理科大学理学部物
理学科卒業、秋田大学大学院工学資源学研究科後期博士課
程修了
建設省、国土交通省　土木研究所河川部、森吉山ダム工事
事務所、秋田河川国道事務所など
湯沢河川国道事務所を最後に退官
現在、東京コンサルタンツ（株）東北支店技師長　／博士
（工学）、技術士（建設部門）

主な著書　「環境論ノート」無明舎出版、「物部長穂」無明
　　　　　舎出版、「川で実践する」共著　学芸出版社、『北
　　　　　緯四〇度の秋田学』無明舎出版など

地震と建設工学
　― 現場の経験知からの提言 ―

発行日　2021年8月27日　初版発行
定　価　1980円〔本体1800円＋税〕
著　者　川村公一
発行者　安倍　甲
発行所　㈲無明舎出版
　　　　秋田市広面字川崎112-1
　　　　電話（018）832-5680
　　　　FAX（018）832-5137
製　版　有限会社三浦印刷
印刷・製本　株式会社シナノ

ISBN978-4-89544-671-6

北緯四〇度の秋田学

川村公一＝著